宮澤賢治的恐怖怪談

宮澤賢治——著
伊森・楊・太郎——畫
洛薩——譯

【編輯序】

宮澤賢治生於西元一八九六年八月二十七日（明治二十九年），以童話故事著稱，然而在他所處的時代，不僅許多人深受肺結核所苦，也是大正至昭和初期的動盪年代。

他畢業於盛岡高等農林學校，從事地質調查研究。後來也任教於花卷農學校，嘗試以新農業試驗，試圖改變農村的生存狀況。可以在〈皂莢淵〉讀到他對於「丟炸彈捕魚」的看法，也可以在〈滑床山的熊〉見到獵人獵取熊皮，而商人又反過來剝削獵人的剝削狀態。

好人出版以「恐怖」為主題，挑選二十篇帶有暗黑色彩的選集，如〈貓咪事務所〉中官僚的迂腐、〈黃蕃茄〉的貧窮兄妹、〈斗米虎子〉中物競天擇的處事態度，在許多篇出現過的「山男」，雖善良卻因愚笨或與世獨立而遭人玩弄，有別於一貫的文壇形象，體現出宮澤賢治獨有的「入世」精神。

雖無血腥或鬼怪情節，但人在苦難時的艱辛與恐怖心理，細膩描摹的情節令人不寒而慄。他的夢幻世界，其實無比的現實。

目錄 目次

皂莢淵 6 さいかち淵
水仙月的第四天 20 水仙月の四日
斗米虎子 40 とっこべとら子
滑床山的熊 54 なめとこ山の熊
月夜下的電線桿 74 月夜のでんしんばしら
黃蕃茄 90 黄いろのトマト
祭典之夜 116 祭の晩
良藥與仙丹 130 よく利く薬とえらい薬
山男的四月 142 山男の四月

猴板凳 160 さるのこしかけ
種山之原 174 種山ヶ原
夜鷹之星 206 よだかの星
因陀羅網 222 インドラの網
田邊 234 畑のへり
屈鼠 242 クねずみ
檜木與罌粟花 262 ひのきとひなげし
要求特別多的餐廳 276 注文の多い料理店
座敷童子 300 ざしき童子のはなし
貓咪事務所 308 猫の事務所
鱗雲 330 うろこ雲

皂莢淵

さいかち淵

八月十三日

皂莢淵是個有趣的地方。

舜子每天都去。舜子本名是舜一，不過大家總愛叫他舜子，每個人都「舜子、舜子」的喊，但他一點也不介意。我和舜子感情很好，今天我們再次一起出去玩耍。

到皂莢淵游泳時，我們最喜歡看到大人也來那兒，這代表那天會很有趣，可以看到特別的炸魚活動。今天中午那些大人也來了。

石神的庄助先到，接著是三個赤裸身子的煉瓦場人，他們手上拿著網子，踩著河邊的合歡木板往皂莢淵走了過來，我心裡想今天一定也是要炸魚的。舜子拿著塊白石頭，爬上皂莢淵岸邊的皂莢樹上，一看見那些人過來了，就馬上把石頭扔進深潭，然後後大聲吼叫：

「喂喂，要引爆了，要裝作不知情的樣子喔！別再撿石頭了，大家趕快往下游游過去。」

於是，小孩配合地裝作沒在看的樣子，一起往下游方向游了過去。舜子站在樹上用手貼著額頭，撲通一聲跳入水裡，潛入水中後，他很快就追上大家了。

我們站在水潭下游的湍急處，舜子說：「大家裝作不知道，繼續玩吧！」於是大家撿磨刀石，追鶺鴒，假裝一點都不在意炸魚的事。

在水淵對岸的庄助，張望一下四周後，突然盤腿坐在沙土上，從腰間掏出菸草放進菸管裡，大口地吞雲吐霧。正當我好奇時，他又從肚子裡掏出不知什麼東西來。

「要爆了，要爆了。」平吉和其他人大聲喊叫。舜子揮揮手，阻止他們的呼喊。庄助接著用菸管的火默默地引燃那個東西。跟在他後面的其中一人隨即下水，撒網。庄助則像個電車駕駛員般沉穩地站起來，一腳踏入水裡，馬上把手上的東西丟到皀莢樹底下。過沒多久，便聽到巨大的轟隆聲響，水高漲起來，又過一下子，附近開始出現嘰嘰吱吱聲，煉瓦場來的人都陸續下水了。

「嘿嘿，流過來囉，大家來抓吧！」舜子說。很快地，就有一條約莫像我小指大小的鰍魚，從旁邊流過來。當我要去捕抓時，身後的三郎發出了嘶嘶聲，像在吸食甜瓜的聲音。原來是他抓到一條長約六寸的鯽魚，高興到臉都漲紅了。

「安靜，安靜。」舜子又提醒一次。

那時，一大堆的大人和小孩，有人裸著上身，有人穿著汗衫，全都從對面的白色河岸邊跑了過來。他們看起來宛如電影中的場景，甚至有個人穿著網衫，騎著馬朝這裡直奔過來。所有人都是因為聽到爆炸聲響，跑來一探究竟的。

庄助雙手抱胸，看了看那些想抓魚的人說：「那裡根本沒有魚。」不過，煉瓦場的人倒是抓了很多魚，他們大約抓了三十條左右。我們每個人則是至少撿到一條或兩條。庄助靜靜地往上游走，煉瓦場的人跟在後頭。穿網衫的人又騎馬離開了，小孩們就都坐在岸邊等待同伴，看看彼此撿到的魚。

「只要有炸魚，就可以抓到很多種魚。」三郎在河岸邊興高采烈地蹦蹦跳跳，大聲叫道。

我們用石頭圍起一個小魚塘，把抓到的魚放在裡面，這樣當牠們甦醒之後，也不會溜掉，於是大家分工合作開始搬石頭。天氣實在太熱了，就連合歡樹木都快乾萎般地奄奄一息，天空彷彿是個無底深淵。

「啊，魚塘被破壞了。」有人大喊。

仔細瞧，是個鼻子離奇尖挺，身穿西服，腳踩草鞋的人，他的後背背著一把又長又亮的怪東西，但既不是槍砲也不是槍，手上拿著一根像手杖的鐵鎚，把我們的臨時魚塘搗弄得亂七八糟。大家正憤怒地想說點什麼的時候，只見那個人沿著河岸走，濺起大大的水花，看似想要快速通過水潭上游的淺灘。我們所有人都爬到皂莢樹上觀看。卻發現那個人並沒有立即過河，反而像是在清洗他那骯髒的草鞋和鞋帶，來來回回地邊走邊沖洗好幾次。這種行為讓我們覺得很噁心。

舜子這時終於開口講話了：

「喂，由我先叫，大家跟著叫，大喊一二三，好嗎？

不要弄髒河水啦，

老師不是這樣說的嗎？一、二、三。」

「不要弄髒河水啦，

老師不是這樣說的嗎？」

那個人嚇了一跳，往我們這邊看一眼，嘴裡不知嘀咕了什麼，好像不太清楚我們在講什麼。於是我們再喊一次：

「不要弄髒河水啦，
老師不是這樣說的嗎？」

那個尖鼻子的人像叼了根菸那樣含糊地說：
「這裡的人會喝這邊的水嗎？」

「不要弄髒河水啦，
老師不是這樣說的嗎？」

尖鼻子人有點困惑，又再問了一次：
「走在河裡，不行嗎？」
「不要弄髒河水啦，
老師不是這樣說的嗎？」

那個人佯裝沒事的樣子，從容不迫，越過河水，然後以一副看似阿爾卑斯山探險者的姿勢，攀爬由藍黏土與紅砂土混雜的懸崖，背上那個長長發亮的東西一直晃動著，緊接著往上面的豆旱地走了過去。我們的心情也變得有點意興闌珊，於是一個個從樹上跳下來游向岸邊，用毛巾包著魚，拿在手上，就回家了。

八月十四日

舜子今天拿了有毒性的丹礬來。那是患了砂眼時擦在眼瞼邊緣的一種青石。他帶了五包用紙包裝好的丹礬，並邀請我加入他的行列。我說這樣會被警察大人抓走的，他告訴我，只要說這是從稻田裡被水流沖過來的就好。

不過，我覺得攜帶毒藥是卑鄙的行為，就拒絕了他。當我說討厭時，舜子的臉色稍稍變了一下說，這比那些用詭計詐騙來的好吧！然後，就不再跟我說什麼了。無計可施的舜子，開始挨家挨戶地遊說附近鄰家，告訴他們說有好東西要給大家看，因此招來不少人，甚至還有小孩過來圍觀。

我們穿過平時蟬鳴如雨的松樹林，林中瀰漫著像祭典時令人窒息的瓦斯味，大夥只得一股腦地迅速衝向長滿合歡樹的河岸皂莢淵。今天東邊的峰雲真是壯闊雄麗，也可以看到狀似角鴞的森林在藍天下熠熠生輝。舜子跑得太快，所以小孩全都得在後頭半跑著才能追得上。到了水潭，大家趕緊脫掉衣服，站在岸邊，舜子說：

「整齊地排成一列，好嗎？當魚浮上水面時，就游過去抓住牠們。盡可能地抓喔，好嗎？」

小孩高興到臉紅通通的，擠來擠去的圍在岸邊。平吉他們三、四個人早就已經游過去對岸，在皂莢樹下等待了。

舜子得意地把青丹礬投入潭裡。接著，大家屏氣凝神站著看向水面。我因為不想讓身體有種逆流而上的討厭感覺，並沒有看著水面，而是望著對面飛在浮雲上的黑鳥。然而經過了一段很長的時間之後，卻沒有任何魚浮上水面。舜子用非常嚴肅的表情直挺挺地站著，眼睛盯著水面，期待有所變化。我心裡想著如果是昨天的引爆，現在大概已經抓到十條魚了。大家仍靜靜地等候，但還是沒有任何一條魚浮上來。

「奇怪，魚沒有浮上來啊！」三郎大叫。舜子雖然心頭一縮，還是專心地看著水面。「魚沒有浮上來唷！」平吉在對岸的樹下喊道。小孩七嘴八舌地喧鬧，然後大家一起跳入水裡。

有點面子掛不住的舜子，蹲著一直盯著水面看，最後還是站起來提議：

「要來玩鬼子遊戲嗎？」

「好啊，好啊！」大家大聲回應，從水中伸出手來猜拳。正在游泳的人，也趕緊找個地方站好伸出手來。舜子問我要不要玩，我打從一開始就沒有生氣，當然很快也伸出手來猜拳。

舜子率先決定要躲到昨天那個尖鼻子的傢伙，攀爬的懸崖下那黏糊糊的藍黏土底部，如果藏在那裡，就不會被鬼抓到了。剪刀石頭布，沒出剪刀的一方輸了。只有悅治出剪刀，大家歡欣鼓舞地恭喜他成了鬼。嘴唇發紫的悅治在河邊跑來跑去，喜作最快被抓到，變成有兩隻鬼了。後來，我們在沙灘上或是水潭旁四處衝來衝去，抓人的或被抓的，盡興地玩了很多次鬼子遊戲。

最後，輪到舜子變成鬼。舜子很快就抓到吉郎。我們在皂莢樹下看到那一幕。舜子對吉郎說你從上游開始追他們，追啊，追啊，自己卻只默默地站著旁觀。吉郎張開嘴，攤開手，一路從上游的黏土地追趕而來。大家準備跳入水潭。我則爬到楊柳樹上。那時吉郎的腳大概是沾到了上游的黏土，不小心腳一滑，就在大家面前跌倒了。大家開心到哇哇大叫，閃過吉郎，跳入水裡往上游藍黏土的底端游過去。

「舜子，你給我滾過來。」三郎站著，嘴巴開得大大，雙手張開，不屑地當舜子是笨蛋似的喊他。可以看得出來舜子從剛剛就已經在生氣。

「好啦，換我。」舜子說完一臉嚴肅地跳入水裡，拚命地往那個方向游去。小孩全嚇傻了。首先是因為黏土區相當狹窄，容不下太多的人，而且斜坡傾斜度又大又滑，下面至少須有四、五個人抓緊上面的人，才能避免滑落到水中。只有三郎一人在最上面，冷靜地開始和大夥商量起什麼事的樣子，每個人都聚在那洗耳恭聽。

舜子已經趴擦趴擦地走到他們附近，大家還在竊竊私語。於是他突然伸出兩手往大家的身上潑水。正當大家想法子要防止被潑到時，黏土開始滑動而且是往下滑，舜子高興地繼續朝大家潑水，結果所有人都滑落到水中。

舜子很快就抓住大家，只有三郎繼續往上游逃走。但舜子還是一下子就逮到他，抓住他的手臂後，轉了四、五圈，才肯罷休。看得出來三郎吞了幾口河水，噗的一聲吐了出來吐出，咳了幾聲後，帶著哭腔說：

「我不要玩了啦，不要再當鬼了啦！」孩子都爬到砂礫上，三郎也跟著爬上來。舜子站在皂莢樹下，不發一語地望著他投入青丹礬的地方。

就在這時，天空突然烏雲密布，楊柳樹也轉為發白，蟬嘎嘎嘎地叫個不停，四周瀰漫著一股難以言喻的詭譎氣氛。

樹林上方雷聲轟轟作響。那聲音簡直就是山崩海嘯那樣，一下子就下起暴雨了。風咻咻咻地狂吹。水潭的水漲得很快，已經分不清楚水和石頭的邊際。在河岸邊的孩子趕緊穿上衣服躲到合歡樹下，我也爬下樹和舜子一起游到對岸。在傾盆大雨中，靠近合歡樹的某處，彷彿傳來：「雨刷刷刷～喳喳喳～風咻咻咻～舜子～舜子～」這樣呼喚的聲音。

舜子露出驚慌的表情，一直奮力往前游，他的腳彷彿被拉住，他不斷地掙扎想要逃脫。我其實猜到是怎麼一回事了。好不容易終於抵達大家聚集的合歡樹下時，舜子全身簌簌抖個不停地問：

「剛剛的聲音是你們叫的嗎？」

「沒有，沒有。」大家異口同聲回答。平吉這時候又跳出來說一次：「沒有。」舜子露出驚悚的表情看著水面。不過，我覺得應該是大家聯手捉弄舜子大叫的聲音。

水仙月の四日
水仙月的第四天

雪婆婆出遠門了。

她有著一對像貓那樣的耳朵，一頭白髮的雪婆婆穿越西邊群山上方那閃亮的細碎雲層，去遠方了。

一個孩子裹著紅毛毯，一邊想著蜂巢脆糖，一邊沿著象頭形狀的雪丘山腳下，匆匆地跑回家。

「唷，把報紙捲成尖尖的形狀，呼咻呼咻地吹，木炭就會點著燃起藍色火光喔！我在做蜂巢脆糖的鍋子裡放入紅糖，然後再加入一匙白霜糖，接著就是讓它咕嚕咕嚕地熬煮。」

一路上，孩子生怕遺漏了一絲半毫蜂巢脆糖的製作細節，急急忙忙地衝回家。

太陽正在那遙遠冷寂的天際，如白色烈焰熊熊燃燒著。

那光芒向四方散射，灑落於地面，讓高原上的積雪彷彿成了一面耀眼的雪花石膏板。

兩匹雪狼循著象頭形狀的雪丘山頂，邊走邊吞吐著火紅色的舌頭。這些傢伙不是人的肉眼所能看到的。只有當狂風肆虐，高原上大雪紛飛之際，迅速化為朦朦朧朧的雪雲在空中奔騰。

「欸，不要到處跑啦！」一個戴熊皮三角帽，臉頰像蘋果那樣紅得發亮的雪童子，正緩步跟在雪狼後面。

雪狼們搖頭晃腦地吐舌頭，依然故我的繼續奔跑。

「仙后座，
水仙即將綻放，
快快轉動你的玻璃水車。」

雪童子仰望黝藍色的天空，對著看不見的星星呼喊。天空的藍光如波浪般不斷地湧現，落入凡塵間。雪狼仍然在遠處吞吐如赤焰的舌頭。

「欸，快回來啦，欸～」雪童子氣得跳腳責罵，一直印在雪地上的雪童子影子，瞬間化成一道耀眼的白光，雪狼耳朵一豎，趕緊跑回一君身邊。

「仙女座，
薊花即將綻放，
請噴噴你燈瓶裡的酒精。」

雪童子像一陣風剎那就爬上象頭形狀的雪丘，雪地被風吹拂之下，留下向貝殼一般的紋路。上頭有棵大栗樹，樹上結滿美麗的金色槲寄生球。

「去摘一些。」雪童子邊登上雪丘邊下指令，其中一匹雪狼望了一眼主人那口雪白的小牙齒，不假思索立即衝到樹上，喀滋喀滋地撕咬結著紅果實的小枝條。

雪狼在樹上反覆扭動脖頸的身影，映照在雪丘上，形成又大又長的柱狀陰影。樹枝的青皮被撕碎和黃樹心裸露了出來，很快就被扯落下來，正好就掉落在剛爬上來的童雪子腳邊。

「謝謝。」雪童子撿起來後，眺望綠白相間的田野，遠處的美麗城鎮。河面波光粼粼，停車場冒著縷縷白煙。雪童子俯視山腳下的細雪小路，正好看見那個裹著紅毛毯的孩子，急忙地奔往坐落於山裡的家。

「那小傢伙昨天，昨天才推一輛雪橇車的木炭出去賣。今天就買砂糖回來了。」雪童子一邊笑一邊將手中的斛寄生枝條丟向那孩子。樹枝像彈丸那樣直直飛過去，恰好落在孩子面前。

孩子嚇了一跳，撿起樹枝，左右四處張望。

雪童子開心大笑，揮了揮鞭子。

瞬間，原是無雲的湛藍晴空，飄起白鷺羽毛般的雪花。雪花覆蓋平原，啤酒色的陽光，棕色的檜木樹，優雅的景致點綴了寧靜又淨透的星期日。

孩子拿著斛寄生樹枝，拚命地跑回家。

當輕飄飄的雪花落盡，太陽也移到天際更遠處，在它的棲息處重新點燃白色耀眼的火焰。

接著從西北方颳起陣風。

天已經變得相當寒冷了。遠處東方的海面上傳來喀嚓的細微聲響，彷彿天空中的某處被開啟了，不知何時，純白鏡面的太陽似乎被什麼細小的東西劃過。

雪童子將皮鞭夾在腋下，雙唇緊閉，定睛看著風吹來的方向。雪狼也引頸不動地望著那方向。

風越來越強勁，腳邊的雪不停地往四處流散。過了一會兒，對面山頂升起縷縷白煙，此時西方天空已灰暗下來。

雪童子的眼裡燃燒著炙熱銳利的光芒。天空一片蒼茫，勁風肆虐，飄來一陣又一陣乾燥的粉雪。地面上覆蓋灰色的雪，已分辨不清那到底是雲還是雪了。

所有丘陵像被風輾壓似地發出呼呼聲響。地平線和城鎮隱沒於灰雪狂風之中，只有雪童子直挺站立的白色身影，在其中若隱若現。

嘶吼的狂風中，傳來了奇怪的聲音：

「咻～磨蹭什麼啊？下吧，下雪吧，咻咻～咻咻～下吧，飛吧，在這大好時刻還在磨蹭什麼？咻咻～我還特地帶了三個幫手來。啊，盡情地下雪吧！」

雪童子彷彿遭到電擊般，雪婆婆出現了。

啪的一聲，雪童子大甩手中皮鞭。雪狼全都跳了起來。雪童子臉色發青，緊閉著嘴唇，連帽子都被吹飛了。

「咻咻～加把勁，別偷懶。咻咻～使力地幹活呀！今天是水仙月四日。要努力做呀。咻咻～」

雪婆婆一頭散亂乾枯的白髮，在風雪中捲成漩渦狀。從鋪天蓋地的黑雲間，可以看見露出來的尖耳朵和閃閃發光的金眼。

從西方原野帶來的三個雪童子，各個臉上毫無血色，緊咬著嘴唇，彼此連聲招呼都沒打，只顧使勁地揮動手中皮鞭。

山丘、雪與天空，已成蒼茫一片，模糊難辨。只聽得見雪婆婆的叫喊聲、皮鞭此起彼落的拍打聲與九匹雪狼在風雪中奔跑的喘息聲。這時，雪童子聽到剛剛那孩子在風中的哭泣聲。

雪童子眼睛亮了起來，思索後便立即揮舞著皮鞭往哭泣聲的方向尋去。

但雪童子好像弄錯方向，他突然向前滑行，撞上南方的黑松林山脈。雪童子把皮鞭夾在腋下，側耳傾聽。

「咻咻～別偷懶，知道嗎！下雪吧，下雪吧！欸，咻～今天是水仙月第四天唷！咻、咻、咻、咻咻～」

在那樣的狂風暴雪中，不時可以聽見孩子響亮的哭聲。雪童子直奔而去。雪婆婆披著散亂的頭髮，臉色非常難看。山腳下的雪裡，那個裹著紅毛毯的孩子在風中舉步維艱，雙腳因為陷入深深的積雪而跌倒，他哭著哭著，只得將雙手撐在雪地上掙扎著嘗試站起來。

「裹緊毯子，趴在地上。裹緊毯子，趴在地上。咻～」雪童子邊跑邊呼喊，但孩子只聽得見風聲，看不到雪童子的身影。

「趴在地上，咻～別動啊！雪快停了，裹緊毯子，趴在地上。」雪童子折返回來又這樣大喊，但孩子還是掙扎要站起來。

「趴著，咻～別哭了，靜靜地趴著。今天沒那麼冷，不會凍僵喔！」雪童子邊奔跑邊大喊。孩子嘴巴抽搐地哭著要站起來。

「趴著呀，那樣不行啦！」雪童子特意從另一側猛力地撞倒孩子，讓他倒下。

「咻～給我努力加把勁，別偷懶。欸，咻～」

雪婆婆過來了。隱約可以從她那張裂開的紫色嘴巴裡，看見露出的尖銳牙齒。

「哎呀，有個奇怪小孩啊！對對，都來這裡受死吧！今天是水仙月第四天，死一兩個也好喔！」

「對啊，就是。嘿，受死吧！」雪童子故意使勁衝撞，卻低聲地說：

「快快趴下，千萬別動。別亂動啊！」

雪狼也瘋狂地四處奔跑，雲雪之間都是牠們的黑色腳印。

「對對，就是這樣。盡量下雪，下吧！別給我偷懶知道嗎？咻咻咻～咻咻～」語畢，雪婆婆又飛到另一邊了。

孩子頑強地想要站起來，雪童子笑著再次猛力撞倒他。

那時候還不到三點，天色已經昏暗，太陽似乎要下山了。孩子已經筋疲力盡，再也站不起來。雪童子笑笑地伸出手為他蓋上紅被單。

「嗯嗯，睡覺吧，我會替你蓋上很多被子，不會凍僵的。好好做個蜂巢脆糖的美夢到明天早上吧！」

雪童子在同一個地方不斷地蓋上很多雪。沒多久就已經看不到紅色毛毯，孩子趴著的地方已和周圍等高了。

「那孩子握著我給他的斛寄生枝條。」雪童子喃喃自語，流下淚。

「欸，加緊速度，要到今天午夜兩點才可以休息。水仙月四日，不能休息。下吧！咻～咻咻～咻咻～」

雪婆婆在遠處的風中大聲喊道。於是，太陽終於在風和雪，與灰暗的雲層中消失，唯有雪一直不停在夜裡下著。即將黎明之際，雪婆婆再次從南到北來回飛馳地說：

「好了，差不多可以休息了。我現在要往大海的方向去，不需要有人跟著。大家好好休息，為下次做好準備囉！這次任務圓滿。水仙月四日順利結束。」

暗夜裡，雪婆婆的雙眼閃爍著奇詭藍光，一頭漩渦狀的亂髮，嘴巴開開闔闔地往東方奔去。

此時，田野和山丘似乎鬆了口氣，一片白雪閃耀著淺藍色的光輝。天空清朗，桔梗色的天際裡星星閃閃發亮。雪童子帶著自己的狼，彼此第一次互打招呼。

「好大的一場雪啊！」

「對呀！」

「下次不知何時再見面？」

「嗯，不知何時，不過今年應該還有兩次吧！」

「好想趕快一起回到北方喔！」

「對啊！」

「剛剛那孩子死了啊!?」

「沒問題的，他只是睡著而已。我明天會在那個位置做標記。」

水仙月的第四天
伊森楊太郎

「嗯嗯，我該回去了。天亮之前得回到那裡。」

「好的。只是我真的無法理解，那小伙子一個仙后座的三等星，全身燃著藍火。為何他的火越旺，雪下得越大呢？」

「那道理跟棉花糖一樣吧！你看那機器不斷地攪動翻騰，砂糖就會越來越蓬鬆，形成棉花糖囉！所以火燃燒得越炙熱，下雪效果就越好。」

「也對！」

「那再見囉！」

「下次見！」

三個雪童子帶著九匹雪狼返回西方。

不久，東方天邊泛起如黃玫瑰的彩光，閃耀的琥珀色光芒裡，炙熱的金光閃閃。山丘和田野又覆蓋了一層剛落下的雪。

雪狼精疲力盡地坐著休息。雪童子也坐在雪裡微笑，那臉頰似紅透的蘋果，呼出的氣息如甜香的百合。

耀眼的太陽已經升起。今日晨光裡的藍比以往更為冷豔。桃紅色的陽光灑落大地。雪狼起身張開大嘴，從嘴裡吐出搖晃的藍火焰。

「好了，你們跟我走。天亮了，得去叫醒那孩子。」雪童子跑到昨天埋藏孩子的地方。

「來，幫我撥開這片雪。」

雪狼立刻用後腳踢開周圍的積雪，雪如煙霧被風吹得飛揚四起。一個穿著雪靴和皮衣的男子，從村子方向心急地衝到雪地。

「可以了。」雪童子看到孩子的紅毛毯從雪裡露出一角後，這麼說。

「父親來了唷，快張開眼睛吧！」雪童子邊往後山丘跑，邊吐出一絲雪煙，邊大聲喊道。

孩子的身軀稍微動了一下，而那個披著毛皮的男子正拚命地跑向他。

斗米虎子

とっこべとら子

相信大家對虎狐的故事都不陌生吧？有關虎狐的傳說可能有各式各樣的版本，我所知道的是「斗米虎子」。「斗米」（盛岡中津村附近的地名）應該是姓氏，「虎子」是名字。依此類推，那麼居住於各地的虎狐，是不是姓氏雖然不同，但名字都叫「虎子」呢？

言歸正傳，很久很久以前，斗米虎子就住在一條大河岸邊，夜晚會去偷漁夫撈網裡的魚，然後拿去找在城裡採買食物的夜歸人，向他們換取炸豆腐。這樣的情形屢見不鮮，讓當地人防不勝防。

某個夜晚，有個極度貪婪的老伯，喝得醉醺醺地從城裡要返家，途中路過那條河岸邊時，遇見一名滿身派頭金光閃閃的武士。老伯經過時禮貌性地行禮，武士則是站在原地，自顧自地抬頭仰望一下夜空，便低下頭來，跟六平搭話。

那是農曆十五的秋夜。

「哎呀，等一下，請問該怎麼稱呼呢？」

「嘿嘿。我叫六平。」

「六平啊，您不會是從事借貸方面的生意吧！」

「嘿嘿。正如您所言。手邊的金子金飾都可以用喔！」

「不！不！在下沒有要借錢。怎麼樣，借貸生意很有趣吧！」

「嘿，開玩笑，嘿嘿。就如您所知的那麼一回事囉！」

「在下身上有一些用不上的金子。因為將遠行到其他國家，可以將這些金子存放在您那裡嗎？在下樹敵無數，萬一在旅途中遭遇不幸的話，這些金子就由你隨意處置。您覺得如何？」

「嘿，請一定要讓我幫您負責這件事。」

「是的，哎～呀，金子就在這裡。為了以防萬一，請您自己打開蓋子確認。欸～呀！嗨～呀！」

武士從懷裡拿出白色的束衣袖帶子，俐落地繫好十字狀，將褲子捲到大腿處，就咚咚咚地跑到岸邊的堤防，然後彎身從堤防暗處拿出一只千兩箱。

哈哈哈，這傢伙一定是小偷，要不然就是用假幣，不過都無所謂，萬一他遭遇不幸，這些錢就都是我的了。六平暗自心想，不由得喜形於色，但裝作一本正經地說：

「嘿嘿！樂意之至。也如您所要求那樣，我將照做。」

蓋子掀開當下，滿滿的金幣，在月光下閃閃發亮。

嗨～呀～武士又拿了一只千兩箱過來。六平繼續確認內容物。這也是滿滿的金幣，在月光下閃亮無比。嗨～呀～嗨～呀～嗨呀，嗨呀！總共有十只千兩箱堆放在那裡。

「怎麼樣？這些全都讓您帶走。在下擁有的全部都存放在您那裡。」

武士的話有點奇怪，確實是很奇怪，但六平一點都不以為意，什麼都好。

「嘿嘿！不管來個幾十只的千兩箱，我一定都可以帶走。」

「嗯，是嗎？這樣的話，好吧，那就請帶回去。」

「嘿嘿！嗚咻，嗚咻，嗚嗚咻，嗚嗚嗚咻！」

「厲害，了不起，您這個人並不怎麼樣，但身上染著的貪欲心實在太強大，太強大了。令人不得不佩服，不讚嘆。那麼就存放在您那囉！」

武士打開銀扇由衷敬佩地說，六平因為千兩箱太重，氣喘吁吁，已無法出聲做出任何回應。

武士手持扇子朝向月亮，「那些染上貪欲之徒，醜陋至極。」邊低聲吟唱怪異曲調，邊往另一方向走。

六平帶著十只千兩箱一路搖搖晃晃，行走在月光照亮下既彎曲，又是爬坡的小徑，一切彷彿作夢般地終於到家了。在院子裡撲通地卸下東西，在外面用詭異的聲音大聲喊：

「開門啊，快開門。回來了喔！大財主回來了喲！」

六平的女兒喀噠地打開門，大叫：

「父親大人，那些是？那些砂石是要用做什麼呀？」

六平驚訝地看著剛剛卸下的東西，哎呀哎呀，那些千兩箱竟是要建造堤防的十包砂石啊！

六平「哭哇～哭哇～」地嚎叫，口吐白沫暈厥倒地了。在這之後，六平連續高燒兩個月，這期間不斷夢魘喊著：

「被斗米虎子騙了，啊，我被欺騙了。」

各位，這故事是真的嗎？畢竟是很久以前的故事了，真假已經沒人說得清楚了，不過多半是捏造的吧？

為何這麼說呢？因為我正好知道一個虛構人物的故事。

那是一個最近才發生的事，我一點都不懷疑它是捏造出來的。事實上，它是昨天晚上發生的事。那麼，請聽我娓娓道來。

就在離那條大河岸邊，距離狐精居住的地方約半個村莊遠，有一個叫平右衛門的人就住在那裡。

平右衛門剛當選今年的春村會議員。當晚邀請了親朋好友來家裡大肆慶祝一番。

大家酒酣耳熱，氣氛非常歡樂。哇哈哈～啊哈哈～我啊，我前天在鎮上的魚店，看到章魚和烏賊站著吵架，哇哈哈～啊哈哈～真的嗎？然後怎麼樣了，嗯，鰹魚乾介入仲裁，哇哈哈～啊哈哈～然後呢？鰹魚乾就嗯嗯～這時是元祿十四年喔～喂喂，那是什麼東西啦！嗯嗯，因為鰹魚乾就只是魚乾而已啦，哇哈哈～啊哈哈～來吧，喝吧，喝一杯，宴席上十分的喧騰熱鬧。

然而，這當中有個名叫小吉的村民，卻一直擺著臭臉不笑，那是一個臉色鐵青，心眼非常壞的小人。

小吉打從宴會一開始就處於憤怒狀態。

「為什麼我被安排在下座的位置，湯碗缺了一角，油煙亂竄，魚瞪著翻白的眼珠子，大家杯觥交錯的樣子，實在無聊極了。」無法再忍受的小吉，忽然蹭的一聲從座位上站起來。

平右衛門見狀大喊：

「等等、等等，小吉。再喝一杯啊，等等再走嘛。」熱情的招呼著，小吉頭也不回，就穿上木屐往外走。

天空清朗，農曆十三的月亮高掛在天際。小吉正要走出大門時，忽然瞥了一眼腳下，看見門旁的稻田邊立著一個驅除疫病的「源大將」畫像。

那是一張黏貼在竹子上，畫著大臉的白紙。

那「源大將」在藍月光照射下，側臉橫眉怒目似的瞪著小吉。小吉不甘示弱憤恨地衝過去拔起竹竿，打算把它丟到田裡，但突然想到什麼似的訕訕一笑後，便把它插在路中央。

然後一個人噗噗噗氣呼呼地一邊碎念，翻越兩個小丘，回到自己家，怒斥完在家等伴手禮物的小孩後，就默默上床睡覺了。

與此同時，在平右衛門家的宴席已經結束，客人將剩下的宴席料理打包放進蒿苞中，提在手上晃啊晃的，三五成群地往門口走。

站在簷廊送客的平右衛門，一一跟客人道別。

「那就小心保重，伴手禮可別被斗米虎子拿走了，啊哈哈哈！」

其中一位客人，轉頭懶懶地回說：

「哈哈哈，是我把斗米虎子抓來吃掉吧！」

話都還沒講完，一向神出鬼沒的斗米虎子就站在門對面的路中央，豎起全身純白的毛，凶狠地瞪向這群口發狂言的客人。

「哇，出現了，斗米虎子出現了。快逃、快逃啊！」

突然一陣大騷動，大家不管三七二十一的就光著髒腳往房間衝進去。

平右衛門迅速地從橫梁上取下長刀，猛力從刀鞘拔出刀，轉身之際，差點砍到其中一位客人的紅鼻子。

平右衛門敏捷地躍下簷廊，赤腳就往門前的白狐方向走去。在那瞬間大家彷彿得到力量，元氣飽足一陣鼓噪，紛紛起身跟隨於後。

白狐直面當前，平右衛門不免心中發怵，但他清楚在眾人面前亦不容退卻半步，平右衛門大喝一聲一刀刺入白狐身體。

手上確實有反應，白色身體在長刀下，顫動不止。

「我殺了牠，我殺了牠。大家快過來！」平右衛門大叫。

「也難怪啊！這是身為畜生的悲哀與脆弱。」大家圍著白狐的屍體，鬆口氣高興地議論紛紛。

然而，如何呢？這下大家反而更害怕了，是吧！

那隻老妖狐留下那驅除疫病的「源大將」來當替身後，就不知逃到何處去了。

大家你一言我一語的。

「畢竟是隻老妖狐，眼珠如火般。」

「還有那身毛，根本就是銀針。」

「別再議論了，小心嘴巴裂到耳朵，受到詛咒喔！」

「不用擔心。明天大夥拿油炸豆腐到河邊放著吧！」

大家已經沒力回家了，於是只得在平右衛門住處留宿一晚。

「源大將」那張被砍掉一半的臉在月光下，看起來像是咬著牙痛苦掙扎的樣子。

過了半夜，「斗米虎子」與牠那無數的可愛部下又出來了，把丟置在院子裡的蕎苞喀沙喀沙地拖走，沒錯，那個聲音想必又會成為大家茶餘飯後的話題。

滑床山的熊
なめとこ山の熊

說起滑床山的熊可真令人嘖嘖稱奇。除少數日子外，滑床山是一座幾乎終年都雲霧繚繞又濕冷的巍然高聳山峰。淵澤川的源頭即來自滑床山。周圍全是看起來像藍黑色海參般或是海中妖怪那樣的山。山的中央有個巨大洞穴，淵澤川流經洞穴之後，瞬間瀑布洶湧直下三百尺，刷刷地經過檜木與橡樹叢中，垂直傾瀉而落。

中山街這條交通要道自從無人行走之後就長滿了蕗草和虎杖，沿著道路兩邊還豎起了防止牛隻竄逃走失的柵欄，但若沿著這條滿是野草植被的道路往前走約三里的路程，就會聽到風從山頂呼嘯而過的聲音。

滑床山的熊
伊森楊太郎

如果仔細往山頂那個方向看過去，還會看見一條不知是什麼的白色細長物體，冒著煙霧從山上墜落。那是滑床山的大空瀑布。聽說很久以前那附近曾住了很多熊。其實我從未親眼看過滑床山，也沒看過熊膽。我所知道的不過是從別人那聽來的傳言和憑著自己想像罷了。

傳言可能有誤，但我相信是真的有那麼一回事的。畢竟，滑床山的熊膽是遠近馳名。

熊膽能治癒腹痛和皮肉外傷。據說以前在鉛溫泉的入口處，掛有販售熊膽的招牌。可以想見當時滑床山的熊隻伸吐著紅舌頭，在山谷間晃蕩，小熊們則是玩起相撲，彼此較勁。這些熊全都是獵熊高手淵澤小十郎的囊中獵物。

淵澤小十郎是個獨眼、皮膚黝黑又頑固的老爹，身軀像個小石臼，一雙手掌像是北島昆沙門天王治病時的手印，又大又肥厚。

夏天一到，小十郎會穿上菩提樹皮衣和草鞋，手持生蕃山刀和來自葡萄牙的大型重砲槍，帶上勇猛的黃獵犬，從滑床山紅葉溪谷、三岔口、紅鮭山、狸穴森到白澤等處，遍尋熊隻的蹤跡。行走在茂密的森林與溯溪而行時，彷彿走入幽暗藍黑隧道裡，有時陽光會如繁花盛開那樣灑落下來，時而綠意，時而如金光般閃耀。那時的小十郎就像漫步閑庭似地，不疾不徐。獵犬走在前方，或在懸崖邊上奔跑，或是撲通跳入水裡；感到水流緩慢無趣時，便一口氣游到對面，跳上岩石，抖落全身的水後，擤擤鼻子，等待主人過來。

小十郎的雙腳如指南針似地在水中進進出出，膝蓋上濺起如屏風般的白色碎浪花，一路撇著嘴走了過來。這麼說或許有點自以為是，但滑床山的熊是喜歡小十郎這個人的。證據是每當小十郎溯溪谷而行，或經過長滿薊花的狹長溪谷地時，熊隻都會靜靜地在高處眺望他。有的雙手攀著樹枝，有的抱膝坐在崖邊，饒富興味地目送小十郎。而且這些熊似乎也喜歡小十郎的獵犬。

不過，牠們對小十郎和獵犬是敬而遠之的，深怕一個不妥，就遭到獵犬如火球般的飛撲，或是被眼中閃著一絲狡猾的小十郎用獵槍瞄準。碰到這種情況時，大部分的熊為求自保，會無奈地揮舞著手而離開。但總有性情剛烈的熊會站起來咆哮，一副要踩爛獵犬，伸出雙掌要攻擊小十郎的態勢。此刻的小十郎會冷靜地靠在樹上，用獵槍射擊熊胸前的月牙。隨後就會從森林裡傳出一陣哀號聲，熊倒地不起，口吐紅黑血水，在掙扎低鳴幾聲後，就死了。

小十郎見狀，會將獵槍立在樹旁，十分謹慎地靠過去，然後說：

「熊啊，我不是因為憎惡而殺死你，我是為了討生活做買賣而不得如此。當然我可以不做這樣喪盡天良的工作，但是我既沒農地，林地屬官營，到鎮上求職也沒人肯錄用我。在無計可施之下，才當起獵人。若你此生當熊是因果所致的話，那我做買賣也是這輩子的因果啊！唉，你來生就別再當熊了。」

獵犬這時瞇著眼，筋疲力盡靜靜地坐在一旁。

小十郎四十歲那年夏天，全家不幸染上痢疾，兒子與妻子相繼去世後，唯獨這隻獵犬活蹦亂跳地存活下來。

小十郎拿出磨銳的小刀，沿著熊下顎、胸口到腹部一路切開，扒取熊皮。接下來的場景是我最不願意想像與承受的。總之當一切處理結束後，小十郎會將鮮紅的熊膽放入木盒，把沾滿血的熊毛皮拿到山溪澗谷清洗，然後背著洗淨捲好的熊皮，順風沿著山谷下山去。

小十郎如今已明白熊所說的那些話的真正意涵。那是某年初春，山中樹木尚未冒出翠綠之際，小十郎帶著獵犬沿著白澤往山上走。到了傍晚，小十郎打算前去馬開澤山，到去年夏天搭建的一間小茅屋過夜。但小十郎不知怎地，走錯了登山入口。他和獵犬就那樣來回地上山又下山了數次，獵犬早露疲態，小十郎也氣喘吁吁地張著嘴呼吸，最後終於找到那間去年蓋好如今已傾頹半倒的小茅屋。

小十郎想起離這不遠處的山下有口湧泉，於是再度下山。他走著走著突然看到一頭母熊和一隻尚未足歲的熊寶寶，牠們將手放在額頭上眺望遠方，在那淡淡的初六月光下，彷彿是人凝視山谷的模樣，讓他感到非常驚訝。那兩頭熊的身後宛如閃耀著光芒，吸引小十郎駐足，目不轉睛地看著牠們。

小十郎聽到小熊撒嬌地說：

「那些都是雪唷，媽媽，但怎麼只有這邊的山谷一片白色？那些都是雪喔，媽媽。」

母熊仍然眺望著遠方，回應：

「那不是雪喔，雪不會只降在一邊的。」

小熊說：

「說不定那是還沒融化的雪啊！」

「不是，媽媽昨天才剛經過那裡。看到是薊花的芽。」

小十郎也跟著望向那邊。

月光灑落在淡青色的山坡上，猶如披上了銀色鎧甲，閃閃發亮。沒多久，小熊又說話了：

「如果不是雪，就是霜啦！一定是那樣。」

小十郎心裡想著，確實今晚要降霜了吧，月亮附近的藍色星宿正在顫動，且月亮的顏色也白透如冰塊。

「好好，媽媽知道了喔！你看那是木蘭花。」

「是喔，那是木蘭花呀？我知道它。」

「不，你從沒見過木蘭花。」

「我知道啊，我以前曾採回來過啊！」

「不對，你採回來的是梓花，不是木蘭花。」

「這樣啊！」小熊愣愣地說。

不知何故，小十郎心中滿是觸動，看著對面山谷一片如白雪的花，再看看那對浸浴在月光下的熊母子後，無聲響靜悄悄地離開了。

小十郎邊走邊想：風啊，千萬可別往這邊吹。樟木的香氣與月光溢滿了山林。

但固執而豪氣的小十郎拿著熊皮與熊膽進城買賣交易時，卻是吃盡了苦頭，處境堪憐。

鎮上有間大雜貨店，店裡販售的商品琳瑯滿目，有篩子、砂糖、磨刀石、金天狗、變色龍牌香菸，甚至還有玻璃捕蠅器。

當小十郎背著捆好的毛皮要踏入門檻時，總是不缺「又來了」那樣的輕蔑眼神。老闆從隔壁房間拿出一個青銅大火盆，不發一語就坐下來。

「老闆，非常感激你之前的關照。」

一向如山中大王的小十郎，此刻把綑成堆的毛皮放在一旁，雙手放在地板上恭敬地這樣說。

「嗯，不客氣，今天有什麼事嗎？」

「我又帶了些熊皮過來。」

「熊皮嗎？前些時日拿來的熊皮還沒賣掉哩，今天就不進貨了。」

「老闆，別這麼說，請你多少買一些，我可以算便宜一點。」

「再怎麼便宜，我也不需要啦！」

老闆冷冷地拿起菸斗拍拍掌心，讓豪氣的山中大王小十郎只能一臉擔憂愁苦。小十郎家附近的山可以撿到栗子，小塊田地僅可以種些稗麥，完全不能栽種稻米，因此也無法製作味噌，要養活家中九十歲長者與小孩七人，今天非得帶些米糧回去不可。

如果是村裡的人還可以紡織麻布做買賣，但小十郎除了能編幾個籐籃子外，根本不懂編織的手藝。過了一會，小十郎用幾近沙啞的聲音懇求。

「老闆，拜託，求求你多少買一些。」小十郎邊說，邊低頭鞠躬。

店老闆抽著菸吞雲吐霧沉默了半晌後，臉稍微露出笑容地說：

「好吧，把東西放著。喂，平助，拿兩塊錢給小十郎先生。」

店裡的平助拿了四枚大銅板給小十郎。小十郎面帶笑容恭敬地收下錢。

老闆此時心情也變得不錯。

「阿起，給小十郎先生倒杯酒。」

小十郎欣喜若狂和老闆天南地北地悠哉聊天，小十郎滿懷敬意地談到他在山中遇到的種種見聞。沒多久，廚房通報菜餚已經準備好了。小十郎半推半就想起身離開，卻被拉到廚房，最後再次禮貌性的表示謝意。

很快地，醃漬的鮭魚生魚片、切好的烏賊和一瓶燒酒，盛在黑色托盤裡上桌。

小十郎端正地坐著，吃掉放在手背上的醃漬烏賊，再恭敬地把黃酒倒入小酒杯淺嚐。雖說物價便宜，但只用兩塊錢就買下兩張熊皮，不管是誰都會覺得太便宜了。小十郎自己當然也知道賣得太便宜。但小十郎為何就只賣給鎮上這家雜貨店而不跟其他人交易買賣呢？大部分的人並不了解這箇中原因。在日本，有稱之為「狐拳」的法則，那就是狐輸給獵人，獵人輸給商家。而這裡是熊輸給小十郎，小十郎輸給了商家。那些商家老闆居住在城鎮中心，根本不會被熊吃掉。

這些令人厭惡的人事物應該會隨著時代漸漸地進步，消失不見吧！對於正在書寫這故事的期間，我一點都不想見到小十郎一再地被那些壞蛋欺負，那是非常令我深惡痛絕的。

那時小十郎殺熊，絕不是因為痛恨牠們。但某年夏天卻發生一件怪事。

當小十郎穿越山谷，要爬上一塊岩石之際，忽然看見有頭大熊爬上他眼前的一棵樹，牠的後背像貓一樣蜷縮得圓滾滾的。小十郎二話不說，立刻舉起獵槍。獵犬也高興地繞著樹木轉圈圈。

這時樹上的熊似乎考慮了一會兒，心想到底是要直接撲倒小十郎，還是任由射殺，然後攤開雙手從樹上砰的掉落地面。正當小十郎小心翼翼地拿獵槍瞄準，準備射擊時，熊舉起雙手大喊：

「你是為了什麼要殺死我？」

「啊，我只要你的熊皮與熊膽，其他部位都不要，然後我會拿到鎮上去賣，雖然也賣不出什麼好價錢。這真是讓人灰心，卻也莫可奈何。不過，今天聽你這樣一問，我覺得我乾脆只吃栗子就好，如果因此而死，那也是我的命該如此。」

「請等我兩年吧，其實我死了一點也不足惜，不過，我還有些事情尚未完成，所以給我兩年的時間。兩年後我會到你家門前任你處置。熊皮也好，腸胃也好，隨你取用。」

小十郎感到不可思議，站在原地思考這些話。熊趁這時候用腳掌著地，起身緩緩地離開現場。小十郎就那樣呆呆站著，而熊似乎知道小十郎也絕不會從牠背後放冷槍，頭也不回地慢慢走。一直到陽光透過樹枝間隙，灑落在那寬大深紅色的背脊上閃閃發亮時，小十郎才哽咽悲鳴地穿越山谷回家。

就這樣到了第二年的某天早上，外面颳起強風，小十郎心想樹木和籬笆應該都被吹倒了吧，走到戶外查看檜木的籬笆完好如昔，卻在樹下卻看到了那頭深紅色身軀的熊橫躺在那。此時正好是二年之約期滿時，小十郎有點擔心那頭熊真的會來找他。走近一看果然是牠，正口吐大量鮮血，倒臥在地。小十郎不禁合掌行禮。

後來，在一月的某一天，那天早上小十郎出門前，跟老母親說了以前從未說過的話。

「娘，我也老了啊！今天早上是我有生以來頭一次不想涉水，我感到厭倦了啊！」

坐在向陽處的簷廊下紡紗的九十歲老母親，睜開模糊的雙眼看著小十郎，露出不知是笑或是哭的表情。小十郎繫好草鞋，發出嗯的一聲，就站起來出門去了。孩子一個個從馬廄裡探出頭笑著說：「爺爺，早點回來喔！」小十郎抬頭看看湛藍無雲的晴空，跟孫子說了聲「我走囉」，就踩在純白堅硬的雪地上，往白澤方向去。

獵犬氣喘吁吁地吐著紅舌頭，跑跑停停地跟著。小十郎的身影很快就隱沒於遠方的山丘，孩子於是拿起稗稈子玩起小遊戲。

小十郎沿白澤岸邊一路往山上走。一路有碧藍的水潭，有凍成像玻璃的水面，也有無數凝結的水滴如念珠那樣垂掛著，兩岸紅黃相間的衛矛樹果實，如花朵綻放般探出鮮亮的頭來。小十郎邊走邊看著自己與獵犬移動的影子，和發亮的樺樹枝幹一起在雪地上形成鮮明的藍色光影。

夏天時，小十郎打聽到從白澤越過一座山，有一頭巨大的熊在附近出沒。

小十郎穿過流入山谷的五條小支流，往左往右、往右往左地不斷涉水而行。那裡有一座小瀑布，小十郎走到瀑布下，順著上游的方向攀登。雪的反光像是要燃燒起來，小十郎彷彿戴上了紫色的太陽眼鏡，絲毫不受影響，專心地往上爬。獵犬似乎也不願輸給懸崖般，不論打滑幾次，還是緊攀著雪地往上爬。終於攻到崖頂後，放眼望去，前方是一處長著栗子樹的平緩斜坡，白雪如寒水石在風中閃爍發亮，四周所見皆是高聳的雪嶺。

小十郎在崖頂稍做休息之際，獵犬突然像著火般狂叫。小十郎大驚往後一看，發現他夏天打聽的那頭大熊雙腳站直，正朝著他而來。

小十郎冷靜地穩住腳跟拿起獵槍，熊則揮舞著牠如棍棒的雙臂，直衝過來。讓小十郎不禁臉色一沉。

砰的一聲小十郎聽到槍響了，然而熊沒有倒地，反而是如黑色風暴襲擊而來。小十郎心想獵犬應該咬住那雙腿了吧，腦袋轟轟作響，周圍陷入一片藍黑。遠方傳來這樣的聲音：

「喔喔，小十郎，我不是故意要殺你啊！」

小十郎知道自己已經死了。他看見周邊閃耀著像藍星那樣的光芒。

「這就是死了的證據吧，這是人死後才看得見的火光。熊啊，請原諒我吧！」小十郎最後的念頭這麼想。在此之後，小十郎怎麼想我就不得而知了。

事發過後到第三個夜晚，月涼如冰高掛天際，雪地一片藍白，水面燐光點點，昴參二星彷彿呼吸般，綠、橙兩色的光彼此交互閃爍。

那處被群山環繞，遍布栗子樹的緩坡上，有許許多多巨大的黑影圍成一圈，拉長的黑色身影猶如虔誠教徒般，一動也不動地在雪地上禱告著。在雪之光和月之光下，可以看見小十郎猶如半坐姿的遺體被安置在最高處。

似乎可以看見小十郎那張死後僵硬的臉龐仍面露笑容，而那些巨大黑影則在參星已從高懸當空，到了星光西斜寥落的時刻，始終像化石一動也不動，時間彷彿凝結，不復流轉。

月夜下的電線桿

月夜のでんしんばしら

某個夜晚，穿著木屐的恭一行色匆匆地疾行在鐵軌旁的道床上。

這確實應該對他處以罰金的。如果此時火車剛好經過，只要從窗邊伸出棍棒就可以致他於死地。

不過，那天晚上沒有人在鐵軌四周巡邏，也沒有從窗邊伸出棍棒的火車經過。反而出現了非常怪異的景象。

農曆初九的月亮在夜空中明滅，天空滿是鱗雲。月光從滿天鱗雲的最深處滲出，忽明忽滅，星星偶爾會從雲縫間露出冷冷的光芒。

恭一繼續向前疾行，直到可以清楚看見對面停車場的燈光。他瞇起眼望著那孤寂的紅光，以及如硫磺火焰般的朦朧紫光，彷若身處於一座大城市裡。

突然間，右邊的電線桿劇烈晃動不已，位於頂端的白橫木向下斜斜地垂落。不過這也不是什麼值得大驚小怪的事。

這只是意味著電信訊號會減弱的徵象，一個晚上就會發生十四次。

然而，接下來就令人匪夷所思了。

左側鐵軌那一整排電線桿，哐啊哐啊地齊聲喊唱，威風凜凜地往北方行進。大家都佩帶六個瀨戶陶瓷肩章，頂部戴著一頂附上鐵絲槍型的鋅帽子，單腳輕盈地往前行。經過時還橫眼上下打量在一旁像個傻蛋的恭一。

哼唱的聲音越來越高亢，現在換成一首過去曾經傳唱的偉大軍歌。

「咚躂躂咚躂躂，咚躂躂咚，
電線桿軍隊，
速度風馳雷掣。
咚躂躂咚躂躂，咚躂躂咚，
電線桿軍隊，
紀律精實嚴明。」

一根電線桿聳著肩把橫木弄得嘎嘎作響，昂然前行通過。

再望向對面，那裡也有六根橫木配上二十二個瀨戶陶瓷肩章的整排電線桿，它們也一起高聲唱著軍歌往前行進。

「咚躂躂咚躂躂，咚躂躂咚，
二根橫木的工兵隊，
六根橫木的龍騎兵。
咚躂躂咚躂躂，咚躂躂咚，
一列一萬五千人，
全用鐵線緊實堅固地捆著。」

不知怎麼地，共用橫木組成的兩根電線桿，行走困難，看似筋疲力盡，搖頭晃腦地撇著嘴巴呼著氣，腳步不穩像要跌倒的樣子。

從後面跟上來的強壯電線桿，精神奕奕地大喊：

「喂，趕快走啊！鐵線鬆脫了嗎！」

兩根電線桿儘管看起來痛苦難受，仍一起回答：

「已經累到走不動了，腳掌開始腐爛。長靴的焦油也龜裂得亂七八糟！」

後面的電線桿不耐煩地喊著：

「快點走啦，走啦！你們之中無論是誰倒了，都得擔負起一萬五千人的所有責任。你們真的想承擔如此後果嗎？」

無奈的兩根電線桿只好搖搖晃晃地開始走，後面一個接著一個的電線桿陸續而至。

「咚躂躂咚躂躂，咚躂躂咚，
戴著配槍的帽子，
小腿猶如柱子般。
咚躂躂咚躂躂，咚躂躂咚，
肩上配掛著肩章，

展現為國效忠之重責。」

兩人的身影已沒入遠方的青綠林野裡，鱗雲層間突然露出月光，周遭瞬間明亮了起來。

這時所有的電線桿都精神奕奕，當經過恭一面前時還特意聳肩，或是側目而笑。

令人驚訝的是，六根橫木對面，有三根佩帶紅色肩章的橫木兵隊正迎面走過來。它們的軍歌和旋律似乎與這邊的不太一樣。這邊的歌聲激動高昂，以致於蓋過了對面的聲音。這邊的隊伍依然循序漸進地前行著。

「咚韃韃咚韃韃，咚韃韃咚，

即使寒冷交迫，

也應該要卸下橫木。
咚躂躂咚躂躂，咚躂躂咚，
就算暑熱融化硫磺，
也要榮耀父親大人的肩章。」

隊伍一直陸陸續續地行進著，恭一已經看得有點累，精神有些恍恍惚惚，心不在焉了。

電線桿像河水的波紋般，一波一波不斷地湧現而來。大家雖然會看一眼恭一，但恭一因為頭痛已默默地低下頭。

突然間，從遠方傳來了軍歌的聲音。

「一二，一二。」沙啞的聲音喊著。

恭一驚訝地再次抬起頭來，他看見在行進列隊旁，有個身材矮小，臉色蠟黃，穿著破爛不堪的土灰色外套的老爺爺，一邊注視著電線桿隊伍，一邊喊著「一二，一二」的口令。

被老爺爺盯上的電線桿變得像樹木那樣堅固，腳變得威猛有力，專注不亂地勇往前行。很快地，那個奇怪的老爺爺來到恭一前面。瞧了恭一一會兒就轉向電線桿隊伍的方向，喊著口令：「穩健步伐。喂喂！」

於是電線桿軍隊，步調稍微緩慢下來，但仍激昂高唱軍歌。

「咚躂躂咚躂躂，咚躂躂咚，
左右兩邊的洋劍，
顯得格外細長。」

老爺爺停在恭一前面，稍微彎下身。

「今晚，你從剛剛就看到行軍隊伍了嗎？」

「是的，看到了。」

「這樣啊，那也沒辦法囉！我們就當個朋友吧，來，握個手吧。」

老爺爺從破爛不堪的外套袖子，伸出一隻黃色的大手，恭一只好也伸出手來。老爺爺說了「好唷」，就抓住恭一那隻手。

這時從老爺爺的眼珠子劈劈啪啪地湧現如虎般的青色煙火，恭一的身子感到一陣發麻，差點往後翻倒。

「哈哈，嚇到了吧？這只不過是我微弱能量的表現而已，如果你稍微出點力氣和我握手的話，你可能會燒成焦炭喔！」

兵隊繼續踏步前行。

「咚躂躂咚躂躂，咚躂躂咚
塗上焦油的靴子，
步行行程三百六十尺。」

恭一已經嚇得魂不守舍，牙齒上下抖得嘎嘎作響。

老爺爺則是眺望著月亮與雲，看到恭一那樣臉色發青，全身發抖的模樣，突然覺得有點過意不去，小聲輕輕地說：

「我是電力總長喔！」

恭一稍為安心了些。

「所謂的電力總長，也是電力的一種嗎？」恭一問。

老爺爺一聽又面露不悅。

「你這個什麼都不懂的孩子。不是只有電力而已。是掌管所有電力的長官。所謂的『長』就是領頭人。也就是名副其實的電力大師。」

「身為大師一定很有趣吧？」恭一含糊地探問，老爺爺的臉卻露出喜孜孜的樣子。

「哈哈哈，很有趣喔！瞧，那是工兵，那是龍騎兵，對面的是彈兵，全都是我的兵隊。」

老爺爺噘著嘴，鼓起一邊腮幫子仰望天空。隨後，一根電線桿經過他眼前，「欸欸，為什麼看旁邊？」老爺爺怒吼著。那根電線桿嚇得差點跳了起來，腳發軟，慌張地趕緊挺直腰桿向前進。電線桿接連不斷地到來。

「你大概知道這個著名的故事吧！就是兒子在英國倫敦，父親在蘇格蘭的喀爾克什爾。兒子給父親發了一封電報，我正好有把這件事記在我的記事本上。」

老爺爺拿出記事本，然後拿出一支大眼鏡掛了起來，繼續接著說：

「你懂英文嗎？你看，send、my boots、instantly，就是馬上送長靴子來的意思，於是在喀爾克什爾的父親急忙地把長靴子掛在我的電線桿鐵絲上。哈哈哈，感到很困惑吧？」

「這樣的事不只發生在英國，當我十二月左右前往兵營時，發現每年年初就會有五、六名新兵，在被上等兵要求關閉電燈時，就試圖吹熄電燈。但我的兵隊從來沒有人做過那樣的蠢事。」

「你居住的鎮上似乎也是如此喔，當初剛安裝電燈時，大家常說電力公司每個月大約要耗費一百石的油這類的話。哈哈哈，其實如果像我這樣深諳能量不滅定律和熱力學第二定律，就一點也不足為奇了，如何，你看我的軍隊紀律良好，軍歌也都有提到這些。」

各個電線桿都筆直前進，通過時表情肅穆地提高嗓音大唱著：

「咚蹬蹬咚蹬蹬，咚蹬蹬咚，
電線桿的軍歌，
響徹雲霄，舉世聞名。」

就在這時，遠方電線起了兩小團紅色火焰。老爺爺開始慌張了起來。

「哎呀，慘了，火車來了。被發現就不妙了。現在得停止行軍。」

老爺爺高舉單手，朝電線桿行進方向大喊：

「喂，所有軍隊，全部停止。」

所有電線桿就地停止，一切恢復如常。軍歌也變成哐啊哐啊的吟唱聲。

火車轟轟隆地來了。蒸汽火車的石炭燒得通紅。站在前面的鍋爐師傅雙腿使力，全身黑麻麻的。但所有旅客車廂的窗戶一片漆黑。老爺爺突然說：

「哎呀，電燈被熄掉了。是這傢伙幹的。真是太不像話了。」

然後，他就幻化成蜷縮的兔子那樣，鑽入正在行駛的列車下面。

「危險！」正當恭一極力阻止時，旅客車廂的窗戶瞬間變明亮了，一個小孩舉著手叫著：「哇，變亮了耶！」。

電線桿輕輕地低鳴，訊號聲響起，月亮又潛入鱗雲層後。

火車已經抵達車站了。

黃蕃茄

黃いろのトマト

博物局十六等官
奎斯特誌

我居住的鎮上的博物館，館內有個大型的玻璃櫥櫃，櫃內展示著四件蜂鳥的標本。

那樣小小可愛的蜂鳥活著的時候，像是一隻會嗡嗡叫的蝴蝶，採花蜜為食。四件標本中，我最喜歡停在最上面枝條，展開雙翅，彷彿要翱翔於湛藍天際模樣的那隻蜂鳥。牠有著紅眼睛、滑亮的青綠色胸膛，展開翅膀的胸前有著美麗的波紋。

那是兒時的事了。有天早晨要去上學前，我悄悄地跑到那玻璃櫥櫃前站著，突然間那隻蜂鳥發出如銀針般清脆甜美的聲音，對我說：「早安。貝姆貝爾真的是個好孩子，但境遇真是令人傷心啊！」當時館內窗戶還拉著厚厚的棕色窗簾，從展示室內窺看起來像啤酒瓶的碎片。於是，我也打了聲招呼。

「早安，蜂鳥。你剛說的貝姆貝爾這個人怎麼了嗎？」

蜂鳥又對著玻璃櫥窗說：

「嗨，早安。妹妹納莉也是個可愛的好孩子呀，同樣也令人心疼呀！」

「你為什麼要跟我說這些話呢？」

蜂鳥於是又微微地笑著說：

「你把書包放在地板，然後坐在書包上面，我就說給你聽。」

要我坐在書包上，真是為難了我，但實在很想聽故事，只好勉為其難的坐著。

蜂鳥開始說：

「每當父母親工作時，貝姆貝爾和納莉兄妹倆，都會跟在他們身邊玩樂。那時的我也跟著說：『再見！再見！』就從貝姆貝爾家那些漂亮的花草叢林中逕自回家了。

接下來，當然是搗碎小麥的工作。每次兄妹倆要磨麥粉那天，我都會去看。貝姆貝爾在紅玻璃的磨坊屋輾小麥時，他那頭捲髮、淺黃背心和寬鬆棉褲都會沾上粉末，從頭到腳全身白灰灰地。妹妹納莉在一旁將麥粉每四百公克分裝到棉布袋，一邊靠著門扉心不在焉地望向田野。

那時我會調侃她：『小納莉，你很喜歡葎草嗎？』然後就像飛起來一樣離開了。當然在那之後，他們也種了高麗菜。

兩人種的高麗菜要收成時，我也會去看。貝姆貝爾切斷高麗菜的根莖後，把高麗菜丟滾到田裡，納莉再用雙手捧起放到淡藍色的手推獨輪車上。然後兩人再合力推車子，把高麗菜運回黃玻璃的倉庫，翠綠的高麗菜滿地滾動的場面真是壯觀。

每次兄妹倆看到那一幕，就會雀躍不已。」

「沒有大人在場吧！」我不禁這麼想。

「因為附近沒有大人，只有貝姆貝爾和納莉兄妹，兩人才會無比的愉快輕鬆吧！可是，他們真的好令人心疼啊！貝姆貝爾百分百是個好孩子，但境遇堪憐，而納莉這個十分可愛的小女孩也是呀！」

蜂鳥突然靜默。

但我一點也不在意。

蜂鳥在玻璃櫥櫃裡安靜了下來，噤聲不語。

起初我按耐著性子，雙手抱膝靜靜等候，然而蜂鳥一動也不動，那股靜默的死寂，彷彿往生者再次從墳墓裡爬出來那樣，欲言又止，欲語還留似地，最後我再也忍不住了。站起來走到玻璃櫥櫃前，雙手攀在玻璃上，對裡面的蜂鳥說：

「喂，蜂鳥，貝姆貝爾和納莉之後到底怎麼了？你說說他們怎麼了啊？喂，蜂鳥，趕快說話呀！」

但蜂鳥始終只以那細長尖銳的鳥喙，望著山雀的方向定格不動，不再出聲回答我了。

「喂，蜂鳥，說話啊！話不能只說一半啊，蜂鳥。繼續剛剛的故事呀！你為什麼不說話了!?」

整面玻璃罩都是我呼出的霧氣。

只能隱隱約約看見四隻美麗的蜂鳥標本。最後我哭了。

為什麼那隻最美麗的蜂鳥，剛剛還用銀絲般清脆甜美的聲音跟我說話，突然就斷了氣？牠的那雙眼睛像黑玻璃珠似的，死死盯著山雀，但我一點都不知道牠是真的在看山雀，還是只有眼睛望著那個方向。再加上，當我聽到那對被曬得皮膚黝黑的可愛兄妹貝姆貝爾和納莉惹人憐惜的境遇，我怎能不哭呢？我甚至會為了這件事哭一整個星期。

忽然間，我的肩膀沉重起來，還有股莫名的溫暖。我驚恐地回頭看，原來是值班的警衛伯伯站在我後方，蹙著白眉，一副擔心的表情，把手放在我的肩膀上。

「為什麼哭成那樣呢？是肚子痛嗎？不然不可能一大早來到鳥玻璃櫥櫃前，哭得那麼傷心啊！」

但我還是哭個不停。警衛伯伯又說了：

「不可以哭得那麼大聲。雖然距離開館時間還有一個半小時，但只有你

黃蕃茄
伊森楊太郎

是偷偷溜進來的喔！然後你又哭得這麼大聲，如果被外面的訪客聽到，豈不是要怪罪於我？」

不得已，我只好開口解釋。

「因為，蜂鳥不跟我說話了啦！」

聽完，警衛伯伯大笑。

「哎呀，蜂鳥又找你說話，然後又突然陷入沉默？那傢伙不可以這樣！那隻蜂鳥常常用那樣的幻術嘲弄人類。好吧，我來罵罵牠。」

「喂，蜂鳥，無論今天有幾次，我都會一五一十地記錄在記事本上。如果這樣還是不能制止你：我就直接報告館長，把你送到冰島去。」

欸欸！跟這個小男孩說說話，讓他把眼淚擦乾，哭得臉上一把鼻涕一把眼淚，都扭曲成一團了。讓小男孩的神情恢復清爽，講完話後，讓他趕緊上學去啦！」

「這傢伙等會兒覺得厭煩了，又會開始講令人討厭的話。再等等如何呢？」

警衛伯伯擦擦我的眼淚，然後雙手放在後背，就走向另一邊。

當警衛伯伯的腳步聲逐漸從淡棕色展示室消失轉往隔壁展示室時，蜂鳥又再次朝向我了。

我震驚不已。

蜂鳥用細細如口琴那樣的聲音，溫柔地對我說：

「方才真是不好意思。我實在是太累了。」

我也和緩地回應。

「蜂鳥，我一點都沒有生氣喔，我們繼續剛剛的故事吧！」

蜂鳥開始說：

「貝姆貝爾和納莉他們真是令人心疼。兩人住在藍玻璃屋裡，窗戶緊閉，彷彿是住在大海底。

我完全聽不到他們的聲音。因為那是非常厚的玻璃。

每當兩人看著一本大筆記本，嘴巴同時開開合合的時候，任何人看了都會知道他們在唱歌。我相當喜歡看著兩張小嘴巴唱歌的模樣。所以，會一直逗留在庭院的紫薇樹上欣賞那愉悅的畫面。貝姆貝爾真的是好孩子，卻好可憐。納莉也是個超可愛的女孩，但也很可憐。」

「所以，我才問到底是怎麼一回事啦？」

「因為啊，如果這兩孩子能夠愉快滿足地過日子的話，就十分幸福了。然而，這兩人卻在田裡種了十株蕃茄。其中五株是龐德羅莎品種（Ponderosa Tomato），五株是紅櫻桃品種。龐德羅莎會結出鮮紅的大果實，紅櫻桃品種會長出如櫻桃那樣結實纍纍的果子。

我雖然不吃蕃茄，但看到龐德羅莎品種的蕃茄，也打從心裡喜歡。有一年他們拿到一株雙色幼苗，種植後也長出了雙色。當幼苗逐漸茁壯長大，從葉子就可以聞到青澀蕃茄的味道，莖則是冒出了一顆顆如黃金的小碎粒。然後，很快就結果實了。

而那五株北櫻桃品種，其中有一株長出詭異的黃蕃茄，而且異常的閃亮。看著鋸齒狀的深綠葉子之間，懸垂著絢爛奪目的黃番茄，那樣子真是動人。

於是，納莉問說：

『哥哥，那顆蕃茄為什麼那麼閃亮啊？』

貝姆貝爾把手指放在嘴唇上，想了一會後，回答道：

『是黃金，就是黃金，所以才會那樣閃閃發亮。』

『什麼！那是黃金啊！』納莉有點驚訝地這麼說。

『好漂亮喔！』

『嗯嗯，真的很漂亮。』

接著，兩人當然沒去採，連碰也都沒碰那個黃蕃茄。但就是因為如此，後來才遭遇到那樣令人心疼的事啊！」

「所以，才要你說到底是怎麼了啦！」

「因為，如果兩人可以快樂平靜地生活就好了。然而就在某天傍晚，兩人正在替羊齒草澆水時，陣陣風吹擾動，他們聽到從遙遠的一方，傳來了難以形容的奇特聲音。悅耳的聲音。

那聲音斷斷續續地傳來，卻宛如鈴蘭或香水草的香味那般撲鼻而來。兩人停下手邊工作，對看了一眼，沉默一會之後，貝姆貝爾開口說：

『嘿，來去瞧瞧如此悅耳動人的聲音到底是從哪來的。』

納莉當然想去。

『走吧，哥哥，我們趕快去看看。』

『嗯嗯，馬上走。放心，不會危險的。』

於是，兩人手牽手離開果園，迫不及待地朝著那個方向跑去。聲音是從相當遙遠的地方傳來的，即使越過兩座長滿樺樹的小山丘，跨過三條楊柳樹輕飄的小溪流，聲音還是很遙遠的感覺。但至少距離有縮短了，漸漸接近了。

當兩人鑽過兩棵榧樹枝椏形成的拱門時，那聲音不再斷斷續續了。

這時兩人更加打起精神，用上衣袖子擦擦汗水，繼續往前走。

聲音逐漸清晰了起來。可以聽到微弱的笛音和響亮的大喇叭聲。我逐漸明白那是什麼聲音。

『納莉，再忍耐一下下唷！要抓緊我喔！』

納莉咬著嘴唇，靜靜地猛點著她那顆小小的圓頭。

當兩人再度繞過一座樺樹山丘時，眼前突然出現一條直挺挺的白沙土大馬路，可以看見路的兩側。右邊清楚地傳來剛剛聽到的樂音，左邊則揚起一片白沙塵，朝著兄妹的方向而來。在揚起的沙塵中，隱約可見發亮的馬蹄。

過一會兒，那東西接近了。貝姆貝爾和納莉緊握雙手，屏氣地看著那東西。當然，我也目睹了那一切。

迎面而來的，約有七名騎馬者。

黑黑亮亮的馬大汗淋漓，喘吁吁地從鼻子呼出氣，仍安分盡責地工作。

騎馬者全都穿紅襯衫和亮晶晶的紅皮革長靴子，帽子上繫著鷺羽毛之類那樣輕飄飄的白色裝飾。大人蓄著鬍鬚，馬隊最後面的是一個跟貝姆貝爾差不多年紀，有著紅通通臉頰和黑眼珠的可愛孩子。

揚起的陣陣風塵讓陽光都變得朦朧而紅暈。

大人像一陣風似地完全沒注意到貝姆貝爾跟納莉，最後面那個可愛的孩子看著貝姆貝爾，用手指貼唇送給他一個飛吻。

整隊人馬陸續而過。從那些人行經的方向，悅耳的聲音變得越來越清晰。過沒多久，一行人馬繞過對面山丘，身影很快就消失在視線的盡頭。但從左邊方向，又有誰正緩緩接近。

緩緩而來的是一個像小屋子那樣的方正白箱子，和四、五個人左右的隊伍。當他們逐漸靠近時，仔細一看，那幾人全都是黑人，眼睛炯炯發亮，身上只裹上褲襠布，光著腳丫子。而那個圍起來的方形白色物體，其實不是箱子，而是四片白布垂掛在四周，類似日本蚊帳那樣的東西，在那下面有四隻灰色的大腳，慢慢地、慢慢地上下搖晃著。

貝姆貝爾和納莉啊，看見黑人是既驚恐又覺得新鮮有趣。而那個方正的的東西，看起來雖然有點恐怖但很新奇。看著他們經過後，兩人互望一眼。

『要跟嗎？』

『好啊，一起走。』兩人用低沉沙啞的聲音輕聲說。於是兩人跟在後頭走了一段路。

黑人偶而會邊看著天空邊跳舞，莫名地呼喊狂叫。四隻腳的東西，慢慢地慢慢地、上下搖動，有時會聽到它發出「呼～」的呼吸聲。

兩人緊緊地手牽著手，跟在後面。

此時，日光逐漸轉為暗紅，沉入西山，天際只剩些許黃光，草也漸漸由綠轉黑了。

剛剛的聲音越來越近，而且對面的山丘也傳來馬隊低低的馬鳴聲和呼吸聲，似乎已經在眼前了。

方正屋子裡的生物頻繁地上下搖動著腳，讓貝姆貝爾和納莉驚呆地一直揉著眼睛看。對面就是大城鎮。一個燈火通明的城鎮。不久後，眼前出現了一片平坦的草地，草地上搭著一座人帳篷。帳篷是由原木搭建而成。雖然天色還有點微亮，但已點上多盞藍色瓦斯燈以及拖曳著長長黑煙的油燈了，帳篷的二樓則掛著很多絢麗圖案的招牌。

招牌後面，一直傳來美妙的聲音。招牌的圖像中，有一個是先前送出飛吻的孩子，他分別以單手扶在兩匹馬的馬背上倒立著。而那幾匹馬就被栓在他們面前，與其他十五、六匹馬並排著。所有人都在吃燕麥片。

男男女女和小孩全都擠在草皮上，抬頭看著招牌。招牌的後面又開始響起剛剛的聲音。

但靠近一聽，就不是那麼美妙的聲音了。這次只是樂隊的演奏。不過那樂音一路飄揚，穿越了原野。逐漸微弱的聲音隨著花香傳入人們的耳裡。

方形的白屋子慢慢地、慢慢地走入人潮中，裡面傳出尖細高亢的聲音。人越來越多。

樂隊像個傻蛋那樣賣力演奏著。

大家彷彿被吸入漩渦，三五成群的擠進裡面。

貝姆貝爾和納莉屏息定睛看著那一切。

『我們也要進去嗎？』貝姆貝爾胸口撲通撲通地跳。

『走吧！』納莉回答。

然而，兩人卻猶豫不安。因為每個人來到入口處時，好像都要交出什麼東西給看守人。

貝姆貝爾挨近，一直看著那東西。一看卻感到要被吞沒。那東西肯定就是碎銀或碎金子。

付出黃金，就找回碎銀。

然後那個人，就可以入場。

所以，貝姆貝爾也摸摸他的口袋。

『納莉，妳在這等我，我回家一趟再來。』

『我們一起回去。』納莉雖這麼說，但貝姆貝爾已經跑掉了，納莉憂心忡忡地邊哭邊望著招牌。

當然我也很擔心，認真地思考要跟納莉留在原地等待？還是跟貝姆貝爾一起回去呢？我來來回回飛著，觀察當時的狀況，現場所有人都看著招牌，沒有一個長得像是會誘拐納莉的人。

於是，我放心地跟著貝姆貝爾飛回去。

貝姆貝爾卯足勁拚命地跑。初四夜晚的月亮靜靜地掛西邊的天空，夜空下朦朧的藍光尾隨著貝姆貝爾，我也飛得很辛苦，兩眼骨碌碌地轉，像風一樣疾速奔馳。貝姆貝爾一路狂奔於已漆黑一片的樺樹林、楊柳木，還有草地之中。終於回到果園了。

月光下閃閃發亮的玻璃屋十分迷人。貝姆貝爾駐足看了一會，就快速跑到暗夜裡依稀可見的蕃茄藤前，從那長出黃蕃茄的果藤上，摘下四顆。然後又如疾風一般地狂馳，汗如雨下，心跳如擂鼓咚咚地回到剛剛那片草地。

我也筋疲力盡了。

納莉時不時地望著那個方向。

貝姆貝爾對納莉說：『好了，我們進去吧！』

納莉高興到跳了起來，兩人手牽手走到木柵門口，貝姆貝爾默默地拿出兩顆黃蕃茄。

『欸，歡迎光臨。』看守人邊說邊拿起蕃茄，但臉上起了怪異表情。盯著蕃茄看了一會，然後臉色猙獰扭曲地大吼：

『這什麼鬼東西啊，把人當白痴耍嗎？你們竟敢打算用這東西矇混入場，真是可惡的畜牲。』

他粗暴地把蕃茄丟向兩人，用那黃蕃茄丟。其中一顆狠狠打在納莉的耳朵上，納莉瞬間大哭，一旁的人群則狂笑不已。貝姆貝爾趕緊抱起納莉，跑離現場。

眾人的嘲笑聲如浪般地湧現。

一路跑到幽暗深黑的山丘時，貝姆貝爾突然嚎啕大哭。

你一定不理解那是多麼悲傷的事。

之後兩人沉默不語，偶爾悲傷地抬起頭，沿路循著白天大象的足印，往回家的路走。

貝姆貝爾緊握雙拳，納莉則時不時地吞吞口水，越過長滿樺樹的漆黑山丘，兩人回到家了。唉，好心疼啊，真的很令人心疼欸！你懂嗎？那麼，再見囉！我已經說完了。警衛伯伯不能再叫我來了喔！再見。」

蜂鳥說完這些話，細尖的嘴巴靜止不動，眼睛又朝著山雀的方向望去。

我也變得非常悲傷。

「那麼蜂鳥，再見囉！我會再來的。不過，如果你還想再說些什麼，我會洗耳恭聽。再見，謝謝喔！蜂鳥，謝謝喔！」

我一邊說，一邊拿起旁邊的書包，靜悄悄地離開那間猶如棕色玻璃片的展示室，往走廊離去。突然走到戶外，外頭明亮刺眼的陽光，那讓人憐惜的兩兄妹所遭遇的故事，都讓我的眼睛突感陣陣刺痛，眼淚噗碌碌地直落。

那是我還年幼時的事了。

祭の晩
祭典之夜

山神秋祭那夜。

亮二繫上新的水藍色衣帶，帶著十五錢，出門去逛駐駕祭典的廟會。「空氣獸」雜技團的表演，人聲鼎沸，熱鬧滾滾。

小屋的布簾前站了一個穿著寬鬆垮褲、滿臉痘疤的長髮男子，大聲吆喝：

「來唷，來唷，路過的看倌，趕快進來唷！」

亮二想也不想地就走近招牌。突然間，那男子叫住亮二：

「喂，小哥，快進來。包你值回票價啦！」

亮二不假思索走到入門處。屋子裡的人，多半都是熟面孔，像是高木的甲助，大家表情既怪異又認真地盯著表演台上的正中央。台上是黏貼空氣獸。那是一個又大又扁平寬鬆的白色物體，看不出來哪裡是頭，哪裡是嘴巴，台上主持人用棒子從這一端戳進去，白色物體就會從這一端凹入，然後從另一端膨脹；從對面戳，就從另一面膨脹，從中間戳，四周就膨脹。

亮二看了覺得不舒服，急忙地想要往外跑，腳上的木屐卻不小心陷進玄關的縫隙裡，差點跌倒，不小心撞到一個身材高大壯碩的男子。亮二嚇一跳，抬起頭一看，這男子一張紅臉、顴骨橫突，穿了件舊白色內衣，披著怪異的蓑衣，也錯愕地看著亮二。男子有一雙烏溜溜的金黃色眼睛，亮二露出不可思議的表情盯著對方看，男子啪啪地眨了幾眼，就慌張地往柵門出口處跑走。

亮二尾隨於後。男子到了柵門口攤開緊握的大右手，給了十錢硬幣。亮二也付了同樣的錢給柵門處的看守人後，就往外走，遇到了堂哥達二。剛才那寬大肩膀的男子已經消失在人群中了。

達二指指那雜技團的招牌，低聲地說：

「你進去看雜技了啊？那東西就叫空氣獸，其實是將牛的胃袋灌滿空氣而已。這種東西還進去看，你真是個笨蛋。」

亮二呆呆地看那畫著怪形怪狀的空氣獸招牌時，達二又說話了：

「我還沒去參拜神輿，明天見囉！」達二說完就用單腳跳啊跳，跳入人群裡去了。

亮二隨之也匆匆離開。廟會周圍攤位上排得整整齊齊的青蘋果和葡萄，在煤油燈照射下閃閃發亮。

亮二雖然喜歡煤油燈那乾淨的藍色火焰，但他討厭聞到那猶如大蛇散發出的強烈惡臭，這麼一想又想趕快離開那裡。

對面的神樂殿掛著五盞昏黃的燈籠，神樂祭典活動好像要開始了，只聽見手平鉦（拍子鉦）輕輕地響著。

「昌一也會出現嗎？」亮二心中這麼想著，在原地發愣地站了一會兒。

對面檜木樹下昏暗的小茶棚，不知為何突然變得非常喧鬧，所有人都衝了過去，亮二也尾隨在後面，從擁擠的人潮縫隙中想窺探個究竟。

原來是剛剛那個一頭爆炸亂髮的男子，正被村裡的年輕人使勁地毆打，頭低低的，額頭直冒著汗。

祭典之夜

祭
伊森楊太郎

他想說些話，卻結結巴巴地連個字都吐不出來。一個頭髮分邊抹得油油亮亮的村裡年輕人，見到旁人圍觀，更是氣焰張狂地大聲叫囂。

「各位，你們看看。這個不知從哪來的混蛋臭傢伙。喂，趕快付錢，拿錢來。沒錢是嗎？你這個混蛋。沒錢，還敢來吃霸王餐。喂，搞什麼啊！」

男子非常驚恐，結結巴巴說：

「啊～啊～啊～我會帶上百捆薪柴來給您。」

小茶棚老闆的耳力不太好，沒聽得很清楚，於是大聲回應：

「什麼。不過兩串而已。沒錯。就是兩串糰子而已，我當然也可以請你吃，但我卻對你那含糊的話語術，感到十分不滿。欸，講得不清不楚，這位客人，你是怎樣啊你！」

男子一邊擦汗，一邊說：

「我等等會拿一百捆薪材來抵債。拜託饒了我。」

這話惹怒了年輕人。

「騙誰啊，你這混帳東西。有哪個國家買兩串糰子是用一百捆薪材來付錢的，你是哪來的怪人。」

「我～我～我～我～我不是那個意思，請原諒我。」男子啪啪地眨著那雙金黃色眼睛，擦汗的同時，似乎也擦掉了臉上的淚水。

「揍他，揍他啦！」圍觀的人群有人吆喝。亮二終於搞清楚發生什麼狀況了。

「哎呀，他肚子太餓了，剛剛在空氣獸那裡花了十錢，忘記自己身上沒錢了，還來吃糰子。哭的真是傷心啊！他不是壞人，是個正直的人。好，我來幫幫他吧！」

亮二悄悄從小錢袋掏出僅剩的一枚銅幣，緊緊握在手中，佯裝不知情的樣子，穿過人群，走到男子身邊。男子低著頭，兩手齊放在膝上，下跪，口中拚命地喃喃自語著。

亮二蹲下來，不發一語的把銅幣放在男子穿著草鞋的大腳上。男子嚇了一跳，直盯著亮二的臉，瞬間突然彎身而起，拿了銅幣放在老闆面前的攤子上，大聲喊：

「好了，還你錢。這樣總可以饒了我吧？我稍後會還你一百捆薪柴，八斗栗子喔！」話都還沒說完，就推開年輕人和圍觀群眾，一陣風似地往外跑掉了。

「山男，是山男。」眾人大喊道，起鬨地群起直追，但那男子已經不知道往哪去了，不見半個人影。

一陣狂風咻咻咻襲來，黑檜木樹被吹得搖搖晃晃，小茶棚的簾子被吹走了，四周油燈也被吹熄了。

神樂的笛聲卻在此刻響了起來。亮二已經不打算過去看，自己沿著田埂中的白色小徑，急忙趕回家。想要告訴爺爺山男的事情。此時朦朧的昴星已經高掛天際了。

回到家，從馬廄進入屋子，看見爺爺自己一個人正在地爐前燒火煮毛豆，亮二趕緊坐到爺爺對面，把方才發生的事，一五一十講給爺爺聽。起初，爺爺邊看著亮二的臉邊聽，後來爺爺笑了出來。

「哈哈，那傢伙是山男。山男這傢伙是個極正直的人喔！我曾在山中起濃霧時遇過他好幾次。山男今天應該是第一次來看祭典吧！哈哈哈。不對，即使以前來過，也沒人認出來吧！」

「爺爺，山男都在山林做些什麼呀？」

「是啊，聽說用樹枝設陷阱來捕捉狐狸。把一根粗大的樹枝折彎，然後再用另一根樹枝壓在上面，前端垂掛著魚作為誘餌來吸引狐狸或熊靠近，當獵物碰到樹枝時，就會發出砰的聲響，這樣就表示獵物到手了。」

就在爺孫倆人交談當下，屋外傳出重物滾落的巨大聲響，房子像發生地震般搖個不停。亮二緊抱住爺爺，爺爺臉色微變，急忙提著油燈往外走。

亮二跟在後面。油燈很快就被風吹滅了。農曆十八的大月亮悄悄地從東邊深邃幽暗的山頭上升起，取代了油燈的照明。

仔細一看，家門前的廣場丟放了堆積如山的薪柴。那是一堆已經劈好還附著樹根和樹枝的粗壯薪材。爺爺驚呆半晌地看了看之後，突然拍手大笑。

「哈哈哈，山男給你帶薪柴來了喔！我想大概是你剛才在糰子店，幫他解圍的那件事。山男真是個聰明人啊！」

亮二走近那堆薪柴想看清楚，腳卻不知踩到啥滑了一跤。一看，整個地上全是閃亮亮的栗子果實，亮二站起來大喊：

「爺爺，山男也帶栗子來了耶！」

爺爺驚訝地說：

「連栗子都拿來了啊，我們實在接受太多了。下回入山時，得帶點東西回贈給他。我想衣服是最適合的。」

不知怎地，亮二想到山男可憐的模樣，心中突感一陣酸楚，想流眼淚。

「爺爺，山男那麼正直，卻很可憐。我想要給他一些好的東西。」

「嗯，下次帶一件被褥給他。山男可能會把被褥當成胴服（羽織）穿喔！然後也帶些糰子去。」

亮二大聲嚷嚷著：

「光是衣服和糰子還不夠，我想要給他更多更多好東西。讓山男高興到喜極而泣地轉啊轉、跳啊跳的，身體像要直飛雲霄那樣，給他很多好東西。」

爺爺舉起已經熄滅的油燈，走進屋時，這麼說。

「嗯，希望能有那麼多的好東西。走吧，我們進屋子吃毛豆。你父親也快從隔壁回來了。」

亮二靜靜地眺望藍色的斜月。

風在山林間，呼嘯。

良藥與仙丹

よく利く薬とえらい薬

清夫今天也要前往森林的明地採莓果。

一踏進森林，斑點鶇就立刻飛過來說：

「清夫先生。今天也來採藥嗎？令堂的身體，如何呢？莓果，還有嗎？」

「嗨，斑點鶇，早安。」清夫經過時微笑著打招呼。

貓頭鷹聽到聲音，在樹洞裡嗓音低沉地說：

「清夫君，今天也要採藥嗎？令堂，有好點嗎？莓果還蒐集得到嗎？咕嘰～咕嘰吼～今天也要採藥嗎？令堂，有好點嗎？莓果還蒐集得到嗎？」

「嗨，貓頭鷹，早安。」清夫笑笑地走過樹旁時說道。

從剛剛就一直在森林小池蘆葦旁，賣力唱歌的葦鶯，慌張地脫口而出：「清夫先生，清夫先生，藥，藥藥，你來採藥是嗎？清夫先生，清夫先生，令堂，令堂好嗎？清夫先生，清夫先生，莓果莓果，莓果還有嗎？」

「嗨，葦鶯，早安。」清夫微笑地一邊繞過池子一邊說。

終於來到森林的明地了。

那是一片小小圓形的綠草地，四周環繞著漆黑的榧樹和雲杉樹。樹底下長有茂盛的野莓果，彷彿是綠草地的天然邊界。

清夫開始採收被太陽曬成紫色的莓果。天空的雲彩如光亮的旗幟那樣輕飄，也彷彿白孔雀尾羽開屏那樣耀眼光燦。

清夫心裡惦記著媽媽，汗如雨滴直直落，拚命地採收莓果，但不知為何，採了大半天，仍看得見籠子底，沒啥收穫。

那時，已經日正當中，森林開始發出「滋～滋～」聲音。

「這是樹木吸水的聲音」清夫心裡想。

即使那樣，籠子仍見底。

「清夫先生，已經中午了喔！趕快吃便當，丟下去了唷，給你。」

松鴉邊說邊丟了一顆藍色的橡實下來。

不過，清夫不在那裡，他要盡快採收好平日採集的分量，趕快回家去。過午後，剛剛那些旗雲都往東飄走，散逸了。

籠子底還是沒能填滿。

要飛往森林另一側沼澤地的葦鶯飛過清夫頭頂。

「清夫先生，清夫先生。還沒好嗎？還沒好嗎？還沒、還沒、還沒、還沒、還沒啊？」

清夫汗水淋漓，拚命地採。經過許久，籠子還是見底。他全身筋疲力盡。虛脫無力地站著，順手拿了一粒莓果放到嘴邊。

結果怎麼了呢？他感到嘴唇瞬間發麻，身體發冷顫，一股無法以言語形容的清新氣息流竄全身，從頭、從手到腳，莫名的涼爽舒服。感覺天空藍得透徹，草蔭下的青苔也清晰可見。

而且，他還聽見了從未聽過的微細聲音，嗅得到每棵樹木的氣味，好像這些就握在掌心上。清夫實在太過驚訝，於是看了看手裡的莓果，那莓果猶如雨滴般清澈透亮。

清夫高興地跳了起來，帶著莓果，像疾風般，一路飛奔回家。

清夫回到家把莓果給母親，母親戒慎恐懼地把它放進水裡，把莓果跟著水一起喝了下去，沒想到一直臥病在床，飽受病痛折騰的母親居然康復了，隨即可以起身下床，從此不再為病痛所苦了。

※

這件事漸漸流傳開來。到處都在議論這種不可思議的莓果。傳言大致是，那是神明送給清夫的恩賜。

那時附近的鎮上有一個叫大三的人。這個大三身軀像頭大象那樣肥腫，還愛用假鈔偽幣去詐騙不少的真錢入袋。他想，反正沒人知道是誰收到了偽幣，就我一人獨享這人間至極的幸運，我就是一個這麼聰明的人。然而，最近大三被一事困擾，他常常感到頭暈目眩，喘不過氣來。醫生建議他減少食量，盡量不要吃大魚大肉，這樣不管頭的暈眩，還是身體的疲累感都可以徹底獲得改善。

但大三總是說，不對，我之所以會如此，是因為體內缺乏某種東西，你看看，以前人說腳氣（按：維生素B1缺乏症）是米含有毒所導致，所以大家不吃米飯，現在又如何？說那是食物中缺乏維生素所致。你們這些醫生不過知道點皮毛，就要我的身體反其道而行。大三反過來指責醫生的不是。

接下來的日子裡，大三依然不斷尋找可以改善頭暈、讓呼吸順暢、消除身體疲累感的藥物，然後又再吃了更多更多的美食，但特效藥豈是那麼容易被找到呢？就在那時，他聽到了清夫得到那個具神奇療效的莓果傳言後，躍躍欲試。於是他立刻四處查探相關消息，在探問了百人之後，因為害怕引頸企盼的靈丹妙藥被他人私吞，所以即使是大熱天，他也親自駕馬車前往森林。

就這樣來到了森林入口，大三下了馬車，走進那陰冷的森林。斑點鶇先是愣了一下，然後說：

「唉唷，不得了啊！這是人吧！還是大象？怎麼肥腫成這樣！唷，你來這做什麼？」

大三憤怒地說：

「怎樣？我現在要去採藥，等我採完就放火燒掉這片森林。」

在樹洞裡聽到那聲音的貓頭鷹大聲回話：

「哎呀呀，這聲音我沒聽過。是風箱嗎？還是人？如果是風箱的話，咕嘰～咕嘰吼～是銀打造的風箱吧！它有個完美的厚實外殼呢！」

呵呵，大三感到自己的職業被暗諷，於是臉脹紅地說：

「什麼東西啊，我是人，是人。等我採到藥，絕對放火燒掉這片森林。」

這回換棲息在森林池子旁蘆葦叢的葦鶯急著附和：

「喔咿喔咿喔咿，這是個大皮囊袋吧！還是其實是個人啊？真是驚呆，驚呆！嚇死，嚇死啦！好肥～好肥～好肥喔！」

大三火冒三丈，怒氣沖沖地罵：

「可惡的畜生。等我採完藥，就讓你看看我是怎麼放火燒森林的，燒個精光。畜生。」

然後，大三帶來上百人抵達森林的空地。

「好了，給我找。給我仔細地找。」大三站在正中間下命令。

所有人「沙沙～沙沙～」地到處尋找，但就是沒有那個東西。天空中的白雲像條白鰻光溜閃亮，也狀似頭虛張聲勢的白豬。

大三在一旁，汗流不止，氣喘吁吁地等待時，灌注心念地想要趕快喝下那個靈藥，讓身體立刻變強壯。

雖然所有人奮力「沙沙～沙沙～」地東找西尋，但不管怎麼找，就是沒有任何的發現。

不知不覺已經是正中午豔陽高照的時刻了，森林開始發出「滋～滋～」的聲音。大三心裡想，原來如此，犯了腳氣的樹木也在吸取維生素養分。

即使如此他還是沒找到那傳言中清澈透亮的莓果。

「喂，大象先生。中午了喔，該吃便當了。丟下去了喔，給你。」松鴉邊說，邊丟下一塊栗子樹皮。

「臭畜生。我等下拿獵槍來殺死你。」大三咬牙切齒忿忿地說。

天空中如白鰻的雲已經飄散，大三滿頭大汗。還是沒找到。

要逃到森林另一側沼澤地的葦鶯，經過時說：

「風箱先生。風箱先生。還沒嗎？還沒嗎？還沒、還沒、還沒～嗎？」

已經黃昏了。那時，所有人都覺得要找到的希望越來越渺茫，於是停止了搜找。大三站著發楞了一會，最後拍手叫道：

「好吧，我可是大三欸！那個什麼清澈透亮的莓果啊，就讓我做出如假包換的果實來給你們瞧瞧吧！喂，大家！把剛剛看到的所有莓果打包十貫拿來給我。」

於是，大三帶著這十貫莓果打道回府了。

接著他親自到偽幣製造廠，把莓果放入鍋爐裡。而為了讓它們清澈透亮，還加進碎玻璃、水銀跟鹽酸，噗哇噗哇地轉動風箱加熱，鍋爐燒得通紅。結果怎麼了呢？鍋爐中出現了清澈通亮的東西。大三高興地拿起來，吞下肚。然後，啊的尖叫一聲，一命嗚呼了。那時約晚上八點半，在鍋爐裡發現的清澈通亮的東西，其實是升汞這種最毒的毒藥。

山男の四月

山男的四月

山男睜著一雙如盤子一樣大的金色眼睛，低頭屈身在西根山檜木林中走動，伺機獵捕兔子。

沒抓到兔子，倒是抓了隻山鳥。

那時的山鳥驚嚇得四處撲騰，山男見狀將雙手緊縮，身體如一顆砲彈那樣地撲向山鳥，山鳥的身體有一半被壓碎了。

滿臉漲紅的山男，開心地張開大嘴巴喜孜孜地笑著，帶上那隻已經癱軟低頭的山鳥，晃啊晃的走出森林。

他來到一片日照充足、朝南的乾燥草地上，把獵物丟置一旁，用手指梳一梳他那毛躁乾枯的紅毛髮，揉一揉肩膀，就隨地躺臥了下來。

不知從哪傳來吱吱的鳥啼聲，枯草地上零星遍布的紫色豬牙花，隨風輕輕地搖曳著。

山男在草地上，仰望著碧藍的天空。赤紅的太陽彷彿山泉澗溪，參差不齊又燦爛如黃金的光灑落一地，身邊盡是曬得暖呼呼的乾草香，身後的群山白雪皚皚，透著光暈。

「糖果是好吃的東西。在自然界運行法則下，有很多好吃的糖果，但不能都給我。」

山男任由思緒天馬行空地飛揚，那一朵朵浮在澄澈湛藍天空中的雲，慢悠悠地往東飄去。山男的喉嚨深處，咕嚕咕嚕地作響，心中又浮起這念頭。

「雲隨著風，不知從何來，也不知歸往何處去，總是倏忽隱現。這就像是所謂居無定所的流浪漢吧！」

那一刻的山男，不知怎地覺得頭和腳輕飄飄的，身體彷彿浮在空中，一種說不上來的怪異感。山男成了流浪漢，不知是隨風而飄，還是自己飛起來。漫無目的輕飄飄地到處飄移。

「這裡是七森。剛好有七座森林。有生長茂密的松樹林，也有光禿禿一片枯黃的野林。既然來到這裡，表示不久我就會進到村莊裡。進了村，如果不做點偽裝，應該會被殺死吧！」

山男一邊喃喃自語，一邊幻化成樵夫。沒多久就到了村莊入口處。這時的山男頭重腳輕，走起路來晃晃悠悠的，就這麼慢吞吞地晃進了村莊。

一到入口處就有常見的魚店。攤位上擺著一綑綑醃漬的鹹鮭魚和乾癟的沙丁魚。屋簷掛著五條煮熟的紅章魚。山男很仔細地端詳章魚。

「這些有著疣的蜷曲紅腳，真是不得了。比起市公所的技術員穿上騎馬褲的腿，更是壯觀。想想這傢伙在幽深的藍色海底，蠕動身軀，睜大眼睛的模樣，實在是太了不起了。」

山男羨慕不已地站著，看了又看。這時在那剛好有個背著大行篋，穿骯髒淺黃色衣服的中國佬路過，他突然拍了拍山男的肩膀說：

「你想看看中國布料嗎？還有六神丸也非常便宜喔！」

山男嚇了一跳，往回頭看。

「好啊！」山男大聲回答，但因為聲音過於高亢宏亮，引來正在使用圓鉤、頭髮分邊、穿著木屐的魚店老闆，以及穿蓑衣的村民等所有人注意，他們全往山男的方向看，山男慌張地搖搖手，降低音量說：

「不，不是啦！我買，我買。」

「不買，也沒關係啦。只是看看也可以的。」

於是，中國佬說著說著就在街上卸下背後的大行篋。山男看到中國佬那雙不規則的紅眼，感到十分驚恐。

中國佬這時雙手迅速地解開真田紐，打開包巾，掀開蓋子，從布料上方排列整齊的紙箱之間，拿出一個小小的紅藥瓶子。

「哎呀哎呀，那手指好細長欸！指甲也很尖銳，實在是太可怕了。」山男心裡暗自想著。

這時中國佬拿了兩個大約小指那樣的玻璃杯，將其中一個遞給山男。

「喝這個藥不錯喔！沒有毒，保證無毒。你喝看看。我剛剛才喝喔！不用擔心。我喝啤酒，也喝茶，都沒有毒。這是一種長生藥。喝了真的很好。」中國佬一口就喝掉杯子裡的藥。

「喝下這個藥真的好嗎？」山男心想。

他看了看四周，發現自己根本不在村莊，而是在一片如蔚藍天空般寬闊的田野中央，就他和那個紅眼眶的中國佬兩個人面對面的站在行篋邊。兩人的身影映在草原上。

「怎麼樣，喝看看吧？這個長生藥，喝了真的對身體很好喔！」

中國佬伸出尖尖的手指，極力勸誘。山男感到困窘，心想就把它喝完，趕快跑掉好了，於是就一口飲盡那杯中的藥。就在那時，不可思議的事情發生了，山男的身體漸漸縮小、扁平，不再是凹凸的身形。仔細一看，好像已經變成一個小盒子，掉落在草原上。

「可惡，該死的畜生，還是中了你的圈套。剛剛就一直懷疑你那雙尖尖的指爪。畜生，完全被你給騙了。」

山男十分懊惱，不斷劈劈啪啪地拍打，但無奈已經變成一只小小的六神丸盒子了。

那中國佬卻是欣喜若狂。兩腳輕盈地交替跳躍，手敲打腿內側啪啪作響。

那聲音如鼓聲，響徹整片草原。

然後，中國佬的大手突然伸到山男面前，那當下山男輕飄飄地往上升，過一會兒就被塞在行篚的紙箱之間。

正想著「喔～不～不～不」時，行篚的蓋子被蓋起來了。儘管如此，透過行篚頂蓋還是可以看見閃耀的陽光。

「最後我在牢籠裡了。即便這樣，太陽依舊在外頭閃耀。」

山男自言自語，試著掩飾自己莫名的悲傷。接著突然一陣漆黑。

「呵呵，被覆蓋包巾了。真是令人越發悲傷啊！從此就是一段暗黑之旅了。」山男冷靜下來後，如此自言自語。

此時，緊鄰山男的旁邊居然有人發出聲音，他大吃一驚。

「你是從哪來的啊？」

山男一開始感到震驚，但隨即這麼想：

「哈哈，是六神丸，大家跟我一樣都是吃了那個藥，從人的身軀變成這副模樣。真是好樣好樣啊！」

「我是從魚店那來的。」山男使盡全力大聲回答。在外面的中國佬一聽，咬牙切齒地大吼：

「太大聲了。安靜點好嗎？」

山男從剛才就對中國佬的行徑滿肚子火，現在更加火大。

「怎樣？你鬼扯什麼啊，臭小偷。有種你就到村莊去，我鐵定馬上大喊，你這個中國佬是可疑傢伙。怎樣，敢不敢？」

外頭的中國佬安靜無聲。這樣的無聲持續了好一會兒。山男心想這中國佬該不會正雙手抱胸痛哭吧！如此一想，不禁思考著，到目前為止，這個翻山越嶺、途經林野，每當卸下行囊後，得用盡心機的中國佬，所遭遇的這些事要跟誰說呢？山男不禁生起憐憫之心，正打算說他剛講的是謊話時，外頭的中國佬語帶悲情地說：

「唉，不用太同情我。我無法靠行商養活自己，連東西都沒得吃。是個將死之人。唉，不用太同情我。」

山男覺得中國佬真可憐，於是一邊想著，如果犧牲我的話，就可以讓他賺到六十錢去投宿旅店，還不用只靠吃沙丁魚頭和蔬菜湯維生，就開口回應：

「好了啦，中國佬。不要哭得那麼傷心。我進入村莊不會出聲。放心吧！」外頭的中國佬似乎鬆了口氣，再次傳來了他的呼吸聲和背起行篋叩叩走路的聲音，行篋裡的藥箱子咯嗒咯嗒互相碰撞著。

「欸，是誰？剛剛跟我說話的是誰？」

山男正想回話之際，緊挨於旁的人搶先一步問他：

「是我啦！我們繼續剛剛話題吧，既然你是從魚店那裡來的，那應該知道現在一條鱸魚是多少錢，十兩的乾鱶鰭有幾片吧？」

「咦，那家店好像沒有那些東西，但有章魚啦！那些章魚腳真不錯。」

「嘿，真有那麼好的章魚啊！我超級喜歡章魚的。」

「對啊，應該沒有不喜歡章魚的人吧！如果討厭章魚，那肯定是個無趣的笨蛋傢伙。」

「沒錯。這世界上再也找不到像章魚這麼美麗的生物啦！」

「啊，你從哪來的呢？」

「我嗎？來自上海喔！」

「你也是個中國人。你們中國人哪，一邊製作藥，然後再以賣藥謀生。你們也真是可憐。」

「不盡然如此的。在這裡的雖然全都是像陳那樣卑劣的傢伙，但說起真正的中國人可都是良善正派的人喔，我們都是孔子聖賢的後代。」

「我不懂那是什麼啦！你說外頭那傢伙姓陳嗎？」

「是啊。好熱喔，如果把蓋子拿起來，該有多好。」

「嗯，好。喂，姓陳的，裡頭很悶熱欸，可以讓風吹一點進來嗎？」

「再等一下啦！」中國佬陳在外頭喊道。

「再不快點讓風吹進來，我們全都要蒸乾了。那可是你的損失喲！」

於是，姓陳的在外頭嗚嗚咽咽地說：

「真是那樣，我會很困擾。可以再忍耐一下嗎？」

「不能忍耐了。我們彼此之間沒有可以通風的空隙，已經逐漸蒸發了。趕快打開蓋子。」

「再等二十分鐘。」陳接著又說：

「不，沒辦法。那樣的話得再走快一點。真的沒辦法。這裡只有你在鬧而已。」

「才不是，還有很多人。大家都哭個不停。」

「啊，好可憐喔！姓陳的是個大壞蛋。我們這些人再也不能回復原來的身軀了吧！」

「可以喔，只要藥力還沒滲透到骨頭讓你變成六神丸，吃顆藥丸子就可以回復原形。你旁邊的黑藥丸瓶子就是解藥。」

「是嗎？那好，馬上就來吃。不過，即使給你們吃也不行嗎？」

「不行。但是你吃了回復原形之後，把我們浸在水中，努力攪拌。然後我們再吃下藥丸，就一定可以回復原形。」

「原來是這樣啊，我明白了。我一定會讓你們回復成原來的樣子。藥丸子是這個吧！那這瓶就是把人變成六神丸的藥嗎？姓陳的傢伙也是跟我們一起喝下藥水，怎麼沒變成六神丸呢？」

「那是因為他同時吃下解藥丸子。」

「啊～這樣啊，如果姓陳的只吃藥丸子，那原來的人身又回復原形，這實在是太詭異了。」

「要看看中國布料嗎？你要買中國布料嗎？」這個時候，在外頭的中國佬陳吆喝道。

「哈啊，開始了。」山男打趣地低聲說話時，蓋子突然被打開，從外面照入的光線太刺眼，令人無法招架。山男硬撐開眼睛往外瞧，是一個留著西瓜皮頭的孩子，傻愣愣地站在姓陳的面前。

姓陳的早已拿了一顆藥丸子放在嘴邊，再拿出藥水和杯子，說：

「來，喝看看。這是長生藥喔！喝下去，不錯喔！」

「開始了。開始了。又開始故技重施了。」行篋裡頭有人這麼說。

「我喝啤酒、喝茶，都沒毒。來，喝喝看。我喝給你看。」

山男趁機偷偷拿了顆藥丸吞下肚。然後嘎吱嘎吱、劈劈砰砰變回原形。

山男完全變回那個一頭紅髮、龐大身軀的模樣了。當時中國佬陳剛好要把藥水跟藥丸一起吞下，被嚇得驚惶失措，一時藥水溢了出來，只吃到藥丸。哎呀，這下慘了，眼看著中國佬陳的頭不斷膨脹一倍大，身體不斷地拉長。然後一邊呼喊「哇啊～」，一邊要抓山男。山男蜷縮成一團，拚命地跑。但好像不管他怎麼努力地跑，都只在原地打轉。最後他還是被抓到了。

「救命啊～」山男大叫。然後睜開眼。那一切都是夢。

明媚的天空浮雲朵朵，乾草既清香又溫暖。

山男迷迷茫茫地一邊望向被他丟置一旁山鳥閃亮亮的羽毛，一邊想著要把六神丸的紙盒泡在水中，然後突然打了個大呵欠說：

「欸～該死的畜生，原來是在作夢啊！什麼姓陳的，什麼六神丸，都與我無關啦！」

然後，又打了一個呵欠。

猴板凳

さるのこしかけ

傍晚，楢夫走到後院那棵大栗子樹下。在楢夫眼睛位置高度的樹幹上冒出了三個白色物體。中間長得比較大，兩旁相對較小，而且還稍微矮一些。

楢夫若有所思地盯著看，自言自語：

「哈哈哈，這就是猴板凳啊！不過，要來坐小板凳的傢伙，大概只能是很小隻的猴子吧！那麼坐中間的就是小猴將軍，兩旁肯定是侍從。不論小猴將軍有多威武英勇，就只有我拳頭般大吧！真想看看牠到底長什麼樣子。」

這時，突然出現三隻小猴子坐在蕈菇上。

果然，中間那隻小猴子身穿將軍服還佩帶著六枚勳章。旁邊兩隻小猴子實在太小了，根本看不到牠們的肩章。

小猴將軍拿出一本像筆記本的東西，翹著雙腿晃啊晃地對楢夫說：

「你叫楢夫嗎？嗯，幾歲了？」

楢夫覺得太荒唐了。不過是隻小小的猴子，穿上軍服，拿出本子，就把人當成俘虜那樣訊問。楢夫說：

「怎樣，小猴仔，如果你說話這麼不客氣，那我也沒必要回答你。」

小猴子扮了個鬼臉，似乎在笑。此時已經是傍晚時分，完全看不清楚那麼小的臉。

不過，小猴子很快就把筆記本收好，這次換成雙手抱膝說：

「真是個頑固的孩子。我已經六十歲了喔，是陸軍的將軍。」

楢夫非常生氣。

「那又如何，如果你都六十歲了，還這麼瘦小，根本沒啥前途了啦，趕快從那個位置下來吧！」

小猴子又笑了。

「哎呀，真是的，這點確實一直讓我非常在意啊！」

這時，小猴子快速地收起那雙晃動的腿，恭敬行禮且非常禮貌地說：

「楢夫先生，請別再生氣了。我是想帶你去一個好地方，才會問你幾歲。怎麼樣？你想去看看嗎？如果臨時改變主意了，也可以馬上回家喔！」

兩隻小猴子隨從在一旁拚命地眨著眼，熱切地表達出要當楢夫嚮導的誠意，楢夫也很想去見識看看，反正不喜歡就隨時打道回府。

「好啊，我去。但你們必須注意自己講話的語氣。」

小猴將軍點點頭，就從板凳上站起來。

仔細一看，栗子樹上的三朵蕈菇上，各有三個小小入口。而在靠近栗子樹根部的地方有個四角形入口，大小剛好可以讓楢夫進去。小猴子將軍把臉靠近入口，然後轉身跟楢夫說：

「我現在打開燈，你從那裡進來。入口有點窄小，不過，裡面很舒服很有趣喔！」

三隻小猴子走進去，栗子樹裡頭隨即點亮了一盞燈。

楢夫趕緊從入口跟著爬進去。

栗子樹彷彿是個煙囪。每隔十步距離就有一盞電燈，四周牆壁上掛著小小的梯子，想要往上爬到哪都可以。

「來，請往這裡走。」小猴子越爬越高，楢夫也一口氣爬了將近一百階。即使這樣，仍舊不敵那三隻小猴。

楢夫累得氣喘吁吁說：

「這裡是栗子樹樹頂了吧！」

猴子呵呵地笑：

「差不多了，請跟著我們走。」

抬頭往上看，只見一排電燈不斷地往上延伸，漸漸變成小紅點直到看不見，猶如一條細長的紅線。

小猴將軍看到楢夫有點喪氣的樣子，露出不懷好意的臉說：

「那我們再加緊腳步，好嗎？請緊跟著我們！」

楢夫開口說：

「在這裡留個記號，以免回家時找不到路。」

猴子又呵呵大笑，連只不過是小小隨從的小猴子也笑了。

將軍終於停止笑聲後，便說：

「不，當你想回家時，我們會送你離開，所以別擔心。現在你得準備快跑，用最快的速度通過這裡。」

楢夫沒有選擇，只得準備起跑。

「那麼，一二三，走囉！」小猴子已經往前衝了。

楢夫使勁地攀爬階梯。小猴子速度極快。腳步聲哐哐地響，電燈像支箭般不斷地往下面發射。楢夫已經上氣不接下氣，面露痛苦難耐之色。但即使如此，他還是咬著牙拚命地狂奔。他已經陷入無法分辨自己到底有沒有在跑步的恍惚狀態了。突然間，眼前啪的一片發白。楢夫到了一個陽光明媚的草原上。腳卻不小心被草絆住而跌了一跤。那是一處四周被樹林包圍的小平原。小猴子在綠草地上整齊列隊，從容不迫地繞了三圈後，才靠近楢夫身邊。小猴將軍聳著鼻子說：

「哎呀，真是辛苦你了，累了吧？已經熬過最艱辛的時刻，接下來不會再那麼難受了。」

楢夫喘了口氣，然後站起來說：

「這裡是哪裡呢？而且此刻居然是日正當中，實在太奇怪了。」

將軍回答：

「不，請別擔心。這裡是種山之原。」

楢夫嚇了一跳。

「種山之原？我怎麼來到了一處不知名的地方。我現在想立刻回家。」

「要回家啊？回程是下坡，應該沒問題。」

「是嗎？」楢夫邊回話邊張望四周環境，發現剛剛進來的隧道出口已經消失了，而對面的樹蔭下和草叢間，有很多小猴子正喧騰地窺望著這邊。

將軍拔出閃亮的小劍，喊口令：

「集合！」

小猴子啪啦啪啦地從對面出來，猴群在草原上繞圈打轉，一下子就整齊地排好四列縱隊。將軍旁的兩個隨從也列隊其中。將軍幾乎是彎著身子，奮力地呼喊出口令。

「注意」，「向右看」，「整隊」，「報數」，猴群的動作非常熟練。

楢夫目瞪口呆地看著這一切。將軍來到楢夫面前，挺身立正說：

「接下來開始演習。報告完畢。」

楢夫覺得有趣極了，不自覺也站起來，卻發現自己個子似乎過於高大，不太協調，於是又坐下來，說：

「很棒。演習開始。」

小猴將軍對大家說：

「接下來開始演習。由於今日有貴賓蒞臨參訪，要更加特別注意口令。向左轉時，誤向右轉的，向前走從右腳開始的，還有下跑步口令時雙手沒有叉腰的，大家在演習後，各捏後背三次，可以吧？明白嗎？八號。」

八號小猴子回：

「明白。」

「很好。」將軍邊說邊向後退三步，突然喊口令：「突擊。」

楢夫大感驚訝，他從沒見過如此殘暴逼真的演習。

緊接著，他發現小猴群咬牙切齒地朝著他衝過來，大家各自拿出小繩子，迅速地將他綑綁起來。楢夫很想反擊，但因為小猴子個頭太小，只好一直忍耐不動。

小猴子將楢夫捆綁好後，彼此手拉著手呵呵呵不懷好意地邪笑著。

將軍在對面捧腹大笑，用劍指著：

「把他抬起來，預備。」

楢夫倒在草地上用眼角餘光斜眼觀察，小猴子每六隻為一個單位，以疊羅漢的方式，疊出一個個高高如塔的形狀，從四周聚集過來，最後形成一座彷彿小猴森林的景象。

牠們慢慢地靠近楢夫，伸出無數隻的手把楢夫扛起來。

楢夫驚呆地在小猴子的隊伍裡看到將軍。

將軍志得意滿地伸出猴爪，使盡全力發號口令：

「開始，扛起來。」

「唷咻～唷咻～唷咻～」

風在耳邊呼呼叫，底下的小猴子列隊抬著手行進的樣子，看起來特別小。

「唷咻～唷咻～唷咻～」遠處，河川波光粼粼。

「丟下。」

「哇！」

下方傳來聲音，楢夫看見猴群向四面八方散開，沿著樹林邊緣列隊，團團圍著草原，等著要看楢夫摔到地面的模樣。

槢夫已經徹底覺悟，望了望河的對岸，家就在那裡。槢夫已經往下墜落。

就在那時，下面有人大聲喊叫：

「危險！你們在做什麼啊？」一看，是個滿頭棕色蓬鬆乾燥毛髮，身軀龐大的紅臉人抬起頭來，伸出手要接住槢夫。

「啊，是山男，得救了。」槢夫心裡這麼想。

槢夫很快被山男接住，放到草原上。那片草原正好是槢夫家門前的那一片草原。有一棵栗子樹，也確實有三個猴板凳。不過，沒有任何生物在上面。

此刻已經入夜了。

「槢夫，吃飯了。槢夫。」屋子裡傳來媽媽的叫聲。

種山之原

種山ヶ原

種山之原是一座位於北上山脈中段的高原，由藍黑色光亮的蛇紋岩和堅硬的橄欖岩所構成。

從高原周邊延伸出去的縱谷谷地，有個只有五、六戶人家的聚落。

每年開春之際，許多馬兒就會從北上河谷各地被帶來寄養在這個聚落，讓這的居民負責照料。一直到八月底的這段期間，居民會將馬兒帶到草原放牧，爾後再由主人親自帶回。為什麼呢？因為從九月起，草原上的草就會開始枯萎結霜了。

放牧馬兒的這四個月當中，有一半的時間草原終日雲霧繚繞。這是因為東海的風，與高原西側的濕氣於此交會，而讓高原長年都籠罩在隨時有雲、有雨、打雷、霧氣瀰漫等狀態之下。

所以沿著北上川岸邊往這座高原行走的旅人，越接近高原時，越會發現到處都有雷神的石碑。這些罕至的旅人，除了馬伕之外，也不過是一些採藥的林務官、研究化石的學生，或是測量師而已。

今年的天空已經裹上一層薄透的秋日微塵了。

雲散，風吹，暑假只剩下明天了。

達二從後天開始又要穿上自己做的小草鞋，越過兩座山谷去上學。

暑假作業已經寫完，玩抓螃蟹、燒木炭雖然玩得不亦樂乎，但也有些膩了。達二靠在家門前的檜木上，心裡想著。

「啊，這次暑假最有趣的是和爺爺去上高原牽小馬，第二件樂事當然是劍舞。頭上綁著用黑色雞尾羽裝飾的頭巾，穿上以前流傳下來的紅陣羽織，然後再套上裡面放入硬板子的褲子，打上綁腿，繫緊草鞋，在很多用大大的字書寫上『種山劍舞連』的提燈環繞下，大夥一起踩著舞步往鎮上方向走。踏、踏、踏司叩、踏踏。跳吧，跳吧！鎮上的紅門燈火通明，刀光劍影。我和楢夫的刀劍相交時，碰撞出激烈的喀嗤喀嗤聲。沒錯，就是那樣，衝啊～

昔日達谷的路惡霸，
幽幽暗暗的二里洞，
穿越的是夢與暗冥之神，

頭被印記埋入紅桶。
衝啊，衝啊！踏、踏、踏司扣、踏踏。
藍面具的紙老虎，
在刀光劍影揮舞中受傷，
夜風裡舞動的蜘蛛，
胃脹的虛脱無力。
嘿。宛如……」

「達二。在嗎？達二。」達二的母親在屋子裡喊他。

「我在。」達二跑回屋裡。

「好孩子，爺爺和哥哥在上草原山頂附近那裡割草，你送便當去給他們。

然後順便牽牛去吃草。來！還有不要離開哥哥的視線範圍。」

「好，我去。我去。現在就來穿草鞋。」達二蹦蹦跳跳的。

母親先用幾層紙包好兩個橢圓的便當和達二的小便當，然後再一起用包巾裹起來。在達二準備背包時，母親已把牛從牛棚牽出來。

「那我出發囉！」達二牽著牛說道。

「要注意安全，不可以離開哥哥喔！」

「好。」達二從籬笆旁折下一根楊枝條，剝去綠樹皮，做成一根鞭子，靜靜地趕著牛，往上草原的路緩緩行進。

「踏踏、司扣、踏踏。
暗夜的頭巾是雞的黑尾巴，
月兒高掛……
嘶，跑吧，嘶。」

陽光閃耀刺眼。但耀眼的光芒裡似乎閃著一絲倦乏的綠油垢，偶而還有一股不知從哪吹來的冷風，但依然暑氣逼人。牛走走停停，惹惱了達二。

「到上面去吃好的草啦！趕快走。嘶，笨蛋，嘶。」

但是每當牛看到豐沃的草，就會不自禁地低頭，伸長舌頭去吃草。

「牛舌是牛肉最上等的部位，真是可笑極了。舌頭上黏黏的唾液，還有黑色的斑點欸！走了啦，喂！」

「走，嘶，走。」

天空飄著些許浮雲。達二已經爬了大部分的路程。往下俯瞰可以看見山谷的聚落，達二家木小屋的屋頂閃閃發光。

路轉入樹林裡，達二來到一處乾淨的泉水邊，這裡的泉水是從白石灰岩縫涓涓滲出的冰涼水源。達二擦擦汗後蹲下來，舀了好幾口水喝。

牛沒喝泉水，反而是舔了舔積聚在青苔的水。

當達二和牛要再度出發時，泉水像在暗喻什麼似地，突然咕嚕咕嚕地響了起來，牛也低聲哞哞叫。

「可能要下雨了吧！」達二看著天空，自言自語。

穿過樹林下的灌木叢，經過幾次崩落的小碎岩石地區，達二已經接近草原入口。

重重疊疊的丘陵光影交錯，北上草原綻放著如夢境般碧藍的光輝。河川像春日大明神的衣帶，閃著銀色光彩緩緩流動。

達二和牛終於抵達草原入口，一棵大橡樹下放著哥哥用繩編織的袋子，大量的草堆四處散落。

兩匹馬看見達二，鼻子哼哼叫了一聲。

「哥哥，你在哪？哥哥，我來了。」達二邊擦汗邊呼叫。

「喂～喂～留在那兒。我們現在就過去。」

不遠處的窪地傳來哥哥的聲音，牛看到那些牧草，並沒有顯得特別高興。

陽光變得更加明亮，哥哥笑著從那邊的草叢走了過來。

「太好了。也把牛牽來了啊！順便帶便當來嗎？真是太好了。今天午後會多雲喔，我得再多蒐集一些牧草，你就待在這裡。爺爺馬上就來了。」

哥哥說完要回去工作時，又轉身回頭說：

「肚子餓的話，就先吃便當。包巾綁在那匹馬身上。中午我再過來。」

「嗯，我會在這兒等。」

隨後，達二的哥哥便離開了。薄薄的雲披掛在天空，太陽彷彿成了一面白鏡子，在雲層忽隱忽現。起風了，尚未收割的牧草猶如波浪起伏搖盪。

不知何故，牛突然往北邊奔跑，達二驚慌失措，一邊拚命追趕，一邊轉身朝哥哥的方向大喊：

「牛跑掉了，牛跑掉了！哥哥，牛跑掉了！」

牛在高高的草叢間不斷地奔跑，達二緊盯著一直跟在後頭追，一刻都不敢鬆懈。雙腳僵硬得不聽使喚，已經無法分辨自己是否還全力在追趕，突然眼前一片蒼白，天旋地轉，達二倒在深深的草叢裡。最後只隱約瞥見到牛身上的白斑一眼。

達二躺著看天空。天空潔白的光芒不斷地迴旋，淡灰色的雲朵在天際間快速飄移。接著是陣陣嗚響。

達二終於站起來，氣喘吁吁地朝著牛經過的地方。草叢中隱約可見一條小徑，應該就是牛走過的足跡。達二不禁笑出來，心想：「哼，什麼嘛，牠可能就停在某處等著看好戲吧！」

達二認真地沿著足跡尋找，然而這條小徑在前進不到一百步之處，在又長又漂亮的薊草中分出了二到三條岔路，實在不知道該往哪個方向走。達二想也不想，就往中間那條岔路走去。不過這條路徑有部分會中斷，還得橫越連牛都無法行走的陡峭地區。

「啊，對面的草叢中有隻牛靜靜地站著往這邊看。」達二邊想邊繼續往前進。

天空轉為陰暗，四周陷入一片迷濛之中。冷風拂過草原，雲霧零零碎碎地迅速飄過達二的眼前。

「哎呀，狀況變糟了，該不會所有倒楣的事都一起來了吧？」達二心想。

不幸的正如他所想的那樣，牛的足跡在草叢中消失不見。

「哎，慘了，真是糟糕。」達二的胸口咚咚跳。

草被吹得彎彎曲曲，發出叭擦叭擦、沙沙的聲響。周圍濃霧越來越沉重，達二的全身衣服都濕透了。

達二拚命地大聲呼叫：

「哥哥，哥哥！牛跑掉了！哥哥，哥哥！」

但他沒得到任何回應。陰冷的濃霧粒子，如黑板擦落的白色粉筆灰四處飄落，周圍瞬間陰氣森森，彷彿還聽見了水滴從草叢上滴滴答答落下的聲音。

達二想要盡快回到爺爺所在的地方，卻發現這裡與先前經過的地方不一樣。首先是這裡長滿薊草，以及草地上有剛剛沒看過的滾動岩石。接著，是一個從未聽過的大山谷，突然出現在眼前。芒草沙沙作響，對面彷彿有個深不見底的山谷被隱沒在霧氣之中。

每次風吹，芒穗就伸出數不盡的細胳臂，忙著揮手打招呼似地。

「嗨，西先生，嗨，東先生。嗨，西先生。嗨，南先生。嗨，西先生。」

達二不屑一顧地閉上眼，扭過頭。然後又匆匆地轉開。草叢中突然出現一條幽暗的小徑。這是由很多馬蹄印子形成的小徑，達二看得入迷。短笑幾聲後，就順著小徑往前行。

然而，情況並不盡如人意，這條路變化多端，一會兒窄到只有五寸，一會兒又三尺寬，曲曲折折，還有好幾個迂迴的圈子。

最後來到一棵樹頂被燒焦的栗子樹前，模模糊糊地又出現幾條分岔路。

這裡大概是野馬的群聚地，濃霧中依稀可見是個圓形廣場。

達二沮喪地再往回走到暗黑小徑的起始處。不知名的草穗隨風搖動，當一陣強風突然颳起時，彷彿從哪發出訊號似地，整片草穗同時都低伏閃避強風的吹襲。

空中閃光淒淒作響。過沒多久，眼前出現一個像房子形狀的黑色物體。達二懷疑自己是否眼花，因為怎麼看都像一間房子，於是他慢慢靠近，一看，卻是一塊冷冰冰大的黑岩石。

天空轉啊轉的閃著白光，草原上的草盡是水滴。

「沒錯，我如果爬下另一側草原，應該已經死掉了吧！」達二邊想邊碎念著。接著大喊：

「哥哥，在嗎？哥哥！」

天又明亮起來。所有的草都散發出愉悅的氣息。

「聽說伊佐戶鎮上，電氣工人的孩子手腳被山男綑綁擄走了。」不知是誰講話的聲音清晰地傳入達二的耳裡。

接著幽暗小徑突然消失不見。四周陷入一片寂靜。不久，就颳起了暴風。

天空像把飄揚的旗幟，啪噠啪噠地在閃光，還有劈哩啪噠的火光燃燒著。

達二不知何時趴倒在草叢裡。

這所有經歷的事朦朦朧朧，如夢似幻。牛逃跑了，這是一場夢嗎？那風起雲聚是真的嗎？

達二和大家一起在向晚時分的縣道上散步。

一路走過來時，橙色的月亮悄悄地升到山梢上，伊佐戶鎮上赤紅的燈火，閃閃爍爍。

「那麼，大家準備好了嗎？」有人喊道。

達二已經繫緊厚實的鋤刀，奮力地踩踏著地面。

「踏、踏、踏、踏、踏司叩、踏踏。」楢夫對著天空呼喊。

接著由大人們敲擊太鼓。

達二拔出刀，跳出來。

「踏、踏、踏、踏。踏、司叩、踏踏。」

「危險。是誰拔刀？還沒到鎮上，太快了啦！」戴著藍色怪物面具的清介囂張地斥喝道。

四處都點亮了紅紅的燈籠，達二哥哥手裡提著燈籠和達二並肩走在一起。哥哥的腳如夢幻色系的寒天，莫名的修長。

「踏、踏、踏、踏。踏、司叩、踏踏。」

鎮長家的大門還沒點燈。他們一行人走進被水松籬笆圍起的黑暗庭院裡。玉琢般漂亮的小孩出來對著他們微笑，大人也精神奕奕地嚴陣以待。

「沒錯，就是那樣，衝啊～踏、踏、踏、踏。踏、司叩、踏踏。」

「咚咚～咚咚。」

「夜風狂襲檜木狂搖，
月亮射出一支銀箭，
打仗不論成敗人的一生，
就如一把永不消失的刀。
嘿吼，嘿吼，嘿！」

刀閃著青光。梨木樹葉在月光下搖曳。

「踏踏　司叩，踏踏。
咚、咚～咚、咚。

刀光疾如閃電，

芒草騷如火焰……」

隊伍一分為二，刀劍喀嗤喀嗤互擊的聲音忽然響起。戴著藍面具的清介拚命地旋轉跳躍，一副就像要溺水的樣子，把孩子都嚇哭了。達二則呵呵笑。

月亮瞬間化為不懷好意的獨眼生物。接著又轉成像銀杯那樣地發白，然後就消失了。

「是老師的聲音。學校已經開學了。」達二心想。

那裡是教室。老師好像變瘦了一些。

「各位同學。愉快的暑假已經結束。接下來是讓人心情舒暢的秋天。是一年當中，最適合讀書的季節。各位同學，從明天開始要更認真讀書喔！暑假作業都完成了吧？今天有帶來的，請舉手。」

只有達二和楢夫兩個人舉手。

「明天不要忘記，大家都要帶來喔，如果還沒全部寫完的，明天也帶來。完全沒寫的，請舉手。」

沒有人舉手。

「很好。你們都是優秀的學生。暑假期間，大家都做了什麼呢？在這當中，覺得最有趣的是什麼？達二同學。」

「和爺爺一起去牽小馬的時候。」

「聽起來不錯，謝謝你的分享。楢夫同學，你暑假期間，最開心的是什麼事呢？」

「劍舞。」

「你會跳劍舞啊！」

「對啊！」

「在哪跳呢？」

「伊佐戶還有其他地方。」

「這樣呀。聽起來很有趣。請坐下。各位同學，還有其他人也去跳劍舞的嗎？」

「老師，我也有去。」

「老師，我也有去。」

「達二同學也有去是嗎？各位同學，跳劍舞不是壞事喔！不過，大家不可以做不應當做的事，像是收錢之類的。因為你們都是優秀的學生。」

「老師，我沒有收錢。」

「這樣很好。接下來……」

達二睜開雙眼，一切都是夢。

冰冷的霧氣和水滴落在額頭上。天空籠罩著濃濃的霧氣，什麼都看不見。忽明忽暗，變化莫測。一個吊著繩索的大哥哥彎下腰來安撫達二。

然後，達二又昏昏欲睡了。這裡像是一處霧氣騰騰的溫泉。

有個可愛的小女孩呼喚著達二：

「喂，過來。有好東西給你，是乾燥的蘋果喔！」

「謝謝。請問妳是誰？」

「我誰都不是。我們一起到那邊玩吧。你有驢子嗎？」

「我沒有驢子，只有小馬喔！」

「小馬太大了，不行。」

「那妳也不喜歡小鳥嗎？」

「小鳥？我很喜歡呀！」

「給妳。我有小金雀，給妳一隻吧！」

「好哇。我想要。」

「給妳。我現在就去拿。」

「好啊，快點喔！」

達二拚命地往家的方向跑。跑過美麗的綠色草原和小河流，專心向前奔跑。奔馳而過的草原，厚重的像塊橡皮似的。

達二家就蓋在草原中央。他急著打開鳥籠，從裡面偷偷抓一隻。準備再跑回去時，「達二要去哪？」達二媽媽問。

「我馬上回來。」達二回答後，看看小鳥，發現小鳥不知於何時變成一個萌黃色的糕點。這又是一場夢。

風吹，幽暗的天空閃著銀光。

「伊佐戶鎮，電氣工人的兒子，呼啦，呼啦，呼啦，呼啦。」某處傳來這樣的說話聲。

不久，天空嗚嗚發響。達二又打起盹來。

山男從櫟樹後頭，稍稍地探出他那張紅臉龐。

「在怕什麼呢？」達二心想。

「欸，山男。出來啊，來對決啊！」達二拔出佩刀，準備決鬥。

山男十分驚恐。跪爬過草地來到達二的面前，一頭亂髮在風中沙沙地晃。

「真的非常抱歉。我能為你效勞嗎？」

「嗯，要原諒你也可以。去抓一百隻螃蟹過來。」

「好的，一百隻螃蟹。只要這樣就好嗎？」

「那就再抓一百隻兔子。」

「好的。要殺掉牠們嗎？」

「嗯，哎呀，我不知道啦，就活生生的吧！」

「好的，好的。遵命。」

達二在輕忽之下，突然被山男抓住腳，撲倒在地。山男將達二按壓住，奪走他手上的刀。

「嘿，小子，來吧！現在開始你就是我的家僕了。這把刀真是不錯，非常適合用來做料理。」

「笨蛋。與其當你的僕人，不如把我殺了吧！」

「我那裡還有個跟你同類的小胖子，你能來就來啦！」

「不去。」

「好吧。既然如此，那就別怪我不客氣了。」

山男把達二夾在腋下。達二迅速拿回刀子，刺入山男的腹部。山男痛得到處打滾，沒多久，就口吐大量白沫，死掉了。

天瞬間變暗，轟轟雷聲。

達二又張開眼睛了。

灰色霧氣疾速飄動，然後達二看到牛靜靜地站在眼前。

那雙牛眼像是心虛又畏懼達二似地看著旁邊。達二大叫：

「啊，你在喔！笨蛋，臭傢伙！算了，走吧！」

風聲雷聲交加中，好像稍微聽到哥哥的聲音。

「喂！達二，你在哪？達二，達二！」

達二高興到跳了起來。

「喂！在，在！哥哥，我在！」

達二解開栓在牛脖子的韁繩，開始牽牛往哥哥的方向走去。

草叢中又出現那條暗黑小徑。哥哥突然出現在達二面前，幸好達二有堅持留在原處。

「找了許久。怎麼會跑到這呢？為什麼不乖乖留在那裡？爺爺很擔心喔！來，快走。」

「牛跑掉了。」

「牛跑掉了啊？原來如此。怎麼會嚇成這個樣子呢？衣服都濕透了，來，穿上我的蓑衣。」

「我不會冷。哥哥體型高大，我穿起蓑衣會拖著地，不好走路。」

「這樣啊，好吧！那我們走囉，爺爺已經升火在等我們了。」

上上下下地走了兩次緩坡。接著，再沿著暗黑的大條路走了一會兒。閃電閃了兩次微光。四周都是草的燒焦味，煙在霧氣中流竄。

達二的哥哥大喊：

「爺爺，找到了，找到了！找到達二了！」

爺爺站在霧中，說道：

「啊，是嘛？真是令人擔心不已。太好了。達二，很冷吧？趕快進來。」

在一棵被燒掉一半的大栗子樹根部，有一塊用草圍起的小圈地。

小圈地裡，正燃燒著熊熊的火焰。

哥哥把牛栓在櫟樹。

馬兒哼哼叫。

「唉，好可憐喔，達二應該怕得一直哭吧？來，來，吃糰子。吃吧！嘍~剛烤好的。到底是走到哪裡去了呢？」

「笹長根山的下出口。」哥哥回答。

「太危險了，真的太危險。如果摔下去，一切就完蛋了。來，達二吃糰子。嗯，大口地吃。來，來，多吃一些。」

「爺爺現在要在這整理草嗎？」達二的哥哥問。

「不，再等一等，待會就放晴了。我們先吃便當。我也擔心。所以剛有去虎子山附近看看。那裡不錯，已經雨過天晴了。」

「今天早上天氣真的很晴朗。」

「對啊，會再轉好的。啊，又下雨了，用些草鋪蓋在屋頂吧！」

哥哥走出去，咖沙咖沙地在天井上鋪草，爺爺抬起頭微笑地看著。

哥哥又進來了。

「爺爺，天空變明亮，雨停了。」

「嗯嗯，很好。吃完便當就來整理草。達二，吃便當囉！」

霧氣散去，陽光流洩。太陽已微微西斜，從尚未散去的薄霧中透出幾縷光輝。

晶透的水滴從草上滴落，所有植物的葉、莖、花，都在吸收今天最後的溫暖陽光。

遠處的北上綠草原似乎停止哭泣，正露出燦爛的笑靨。

對面的栗子樹，則綻放著金藍的光焰。

よだかの星
夜鷹之星

夜鷹這種鳥的外型，非常不討喜。

整張臉斑斑點點的，就像沾到了味噌，扁平的鳥喙呲裂開來，彷彿要延伸到耳朵那麼寬。

走起路來搖搖晃晃，蹣跚的步履一瘸一拐歪歪倒倒的。

其他的鳥只要看到夜鷹，就打從心底覺得噁心不舒服。

就如雲雀認為自己雖稱不上美豔，但比起夜鷹，自己算是上等姿色了。因此，每到黃昏或其他時間遇到夜鷹時，總是露出一副嫌惡的表情，閉起眼睛把頭轉向別處。

還有些短小又愛七嘴八舌的鳥更加過分，會直接對著夜鷹口出惡言。

「嘿，你們看，又出來嚇人了。那模樣真的是丟盡鳥類的臉。」

「對啊，那張嘴大成那樣。一定是和青蛙有什麼親戚關係吧！」

這就是夜鷹日常的生活遭遇。唉，如果不是夜鷹而是老鷹，這些膚淺又不知天高地厚的小鳥，光是聽到「老鷹」兩個字就足以讓牠們臉色大變，嚇得渾身發抖蜷縮起來，躲到樹葉底下去了。

然而，夜鷹卻不是老鷹的兄弟，也沒有任何親緣關係，反倒是那美麗的翠鳥以及有鳥界寶石之稱蜂鳥的兄長。蜂鳥採食花蜜，翠鳥以魚為食，夜鷹則是捕食昆蟲。夜鷹既無利爪，也無尖削的鳥喙，因此即便是嬌小體弱的鳥，也都無懼於牠的存在。

既然如此，為何要給夜鷹冠上這個「鷹」字呢？真是令人摸不著頭緒。其中一個原因是夜鷹的翅膀十分強健，在空中展翅飛翔時，就猶如老鷹那般威猛，另一部分則是牠那高亢的鳴叫聲也跟老鷹相似。

老鷹當然對此非常在意，也覺得很討厭。所以每次看到夜鷹，就會語帶威脅地說：「還不趕快改名，趕快改名字啦！」

有天傍晚，老鷹終於忍不住前去夜鷹家裡下最後通牒。

夜鷹之星
伊森楊太郎

「喂，有人在家嗎？你到底要不要改掉名字啊，真是恬不知恥的傢伙。你的水準格調跟我完全不同。你看我可以自在勇猛地翱遊於藍天。你勒，你就只能在多雲陰天或是夜晚才能出來。再看看我的鷹嘴與鷹爪，豈是你這等低劣之輩可以相比！」

「老鷹先生您這要求太無理了。我的名字不是我自己隨意取的，是神明大人賜名的呀！」

「才不是，我的名字才是神明大人賜予的。你啊，不過是從我的鷹和夜各拿一個字來權充罷了，快點還我名字來。」

「老鷹先生，你這真是太為難我了。」

「為難嗎？那我幫你取個好名字吧，就叫市藏。市藏。真是好名字。對了，既然改了名，那就要舉辦一個改名宣誓大會。如何？你就在脖子上掛張牌子寫上市藏，然後家家戶戶登門拜訪，重新介紹自己從此改名為市藏。」

「那樣的事，我做不到。」

「不，你一定做得到。而且你得那樣做。到後天早上之前，如果你沒照我剛說的話去做，那我會馬上一爪擊斃你。你就好好地想像你被殺死後的慘狀。我後天一早會挨家挨戶地去各種鳥的家探問，看看你有沒有去告知大家你改名的事，如果有一家不知道這消息，那你的死期即到。」

「這實在是太無理的要求了。要我做那樣的事，不如現在就讓我死，請你現在就殺了我吧！」

「唉唷，別急，你先好好想想。市藏這名字不錯的。」老鷹展開那雙大翅膀，往自己巢的方向飛回去了。

夜鷹閉上眼睛，心裡想：

「我為什麼這麼不受大家喜歡呢？就因為我的臉像塗上味噌，嘴巴寬得像條裂縫嗎？即使是長這樣，至今我都沒做過任何壞事呀！像上次綠繡眼的幼鳥寶寶從鳥巢掉落時，我好心地撿起送回鳥巢。綠繡鳥見狀，怒氣沖沖地立即將幼鳥寶寶從我身上抱走，一副我是竊賊的樣子。然後對著我就是一陣嘲笑謾罵。如今又要強迫我改名為市藏，脖子掛著牌去昭告，這真是太過分的要求了。」

夜色漸漸昏暗，夜鷹飛出巢穴。低垂的雲層間透著不安的光，夜鷹緊挨著雲層展翅飛翔，靜靜地在空中漫遊。

須臾片刻之間，只見夜鷹張開大嘴，伸展雙翅，猶如一支張揚的箭穿越天際，無數隻的小飛蟲就這樣飛入夜鷹咽喉裡了。

每當夜鷹身體快碰觸地面的瞬間，便會迅速地再次轉身飛向空中。厚厚的雲層轉為黑褐，對面的山林因熊熊烈焰，陷入一片火紅。

夜鷹奮力飛翔時，天空彷彿被剖成兩半。一隻獨角仙飛進夜鷹咽喉，雖死命地掙扎，仍被夜鷹不假思索地吞進肚子，但那當下夜鷹卻感到背脊一陣發涼。

雲已一片漆黑，唯獨東方天際因山林烈焰而亮得通紅，令人心驚膽顫。夜鷹心頭一縮，又往天空飛去。

又一隻獨角仙進了夜鷹喉嚨。像要抓破夜鷹喉嚨似地苦苦掙扎，但夜鷹仍是一口吞入腹中，在那當下胸口卻頓感沉重，夜鷹嚎啕大哭了起來。邊哭，邊於天空盤旋打轉。

「唉唉，原來我每天晚上都殺死這麼多獨角仙和昆蟲。現在輪到老鷹要來取我這條命了。這是一件多麼痛苦的事。啊～啊～好難受，好痛苦啊！我再也不吃昆蟲，就這樣餓死吧！不，在那餓死之前我已經被老鷹殺死了。不，我應該在被殺之前，飛往遙遠的天涯海角去。」

山林烈火如流水般漸漸四溢，雲也被燒得赤紅。

夜鷹直飛到弟弟翠鳥的家。漂亮的翠鳥正在觀望遠方山林大火的情勢，看見夜鷹前來，於是開口問：

「哥哥，晚安。有急事嗎？」

「沒啥急事啦，因為我將遠行，想在出發前來看看你。」

「哥哥不要離開啦！蜂鳥住得那麼遠，你離開就剩我一個在這裡了。」

「也是，但我實在沒辦法了。今晚你就別再說什麼挽留的話。對了，除非是要填飽肚子，平日沒事不要調皮去捕魚為戲，知道嗎？那再見囉！」

「哥哥，到底怎麼了？你多留一會啊！」

「不了，一直待著也無濟於事。蜂鳥那邊，你稍後再幫我轉達問候一聲。再見。此生不復見了。再見。」

夜鷹一路哭泣地飛回自己的家。短短的夏夜，又來到黎明破曉時分。

羊齒葉吸滿清晨露水，閃閃亮亮的綠葉搖曳著。夜鷹激昂高亢地嘎吱嘎吱叫著。整理巢穴、清理身上羽毛並梳理整齊之後，就離巢穴而去了。

霧氣散盡，旭日東昇。夜鷹忍受刺眼的陽光，像支飛箭，直朝太陽飛去。

「太陽啊，太陽！請帶著我前往您的聖地吧！即使被燒焦，也沒關係。就算是我這麼醜陋的軀殼被燒焦，瞬間也會釋放出一些微光吧！拜託，請帶我走。」

飛呀飛呀，一直飛，夜鷹絲毫沒有接近太陽，太陽反而越來越遠，越縮越小。然後太陽說話了：

「你就是夜鷹吧，日子過得很痛苦吧！你再往天際飛，去和星星商量。你不是屬於白晝之鳥。」

夜鷹正想對太陽好好致意時，突然感到一陣暈眩，最後墜落在荒原的草地。彷彿是夢一場，身體像游移在紅星與黃星之間，又像被風吹往某處，然後老鷹又來攫取牠。

有個冰涼的東西突然掉到臉上，夜鷹睜開眼一看，是一根芒草嫩葉上滴下的露水。夜已深，黑藍的夜空裡繁星點點，夜鷹起身飛向天空。今晚山林的火焰仍未消停，夜鷹來回地飛在火焰的微光與天際的星光間。最後一次來回飛翔後，牠決定飛往西邊美麗的獵戶星座，義無反顧地邊飛邊吶喊：

「星星，西方的蒼星啊！請指引我去您的歸屬之地。即使燒成了灰燼，也無所謂。」

獵戶座自顧自地哼唱著英勇曲調，無視於夜鷹的吶喊。夜鷹含著淚，無助踉蹌地墜落，好不容易停了下來，重整心情再次盤旋飛翔，朝著南天大犬座方向，邊飛邊喊：

「星星，南方的藍星啊！請讓我歸依於您所在之處吧！即使燒成灰，也不足惜。」

大犬座忽藍、忽紫、忽黃，不停地閃爍著耀眼的光芒，說道：

「你說什麼傻話啊！你知不知道你到底是什麼，不過是隻鳥。以你飛翔的能力要來到這裡，要億年、兆年，甚至億兆年。」語畢，大犬座就轉向別處，不再理會。

夜鷹沮喪不已，又搖搖晃晃地墜落，然後再次振作盤桓飛起。接著朝向北方的大熊星座直奔而去，一路飛一路喊：

「北方的藍星大人啊，請帶我去您的聖地吧！」

大熊星座冷冷地回應：

「別想太多呀！先冷靜下來吧！這麼說的話，建議你潛入浮有冰山的海洋中，附近如果沒有海，那就一頭栽進有冰塊的水杯裡，也是不錯。」

夜鷹喪氣失望地墜落。又打起精神一躍而起，盤旋天際四圈後，再度對銀河另一邊，正從東方升起的天鷹星喊道：

「東方白星先生啊，請讓我跟隨您吧！即使被燒焦，我也不在意。」

天鷹星順勢回應：

「不可能啦，你真是無稽之談。要成為星星得有一定的匹配身分，而且還得擁有一筆錢財。」

夜鷹已經筋疲力盡，牠合起雙翅，讓身體垂直墜下。疲軟的雙腿一觸地，夜鷹又旋即舉翅高飛，衝向天際。當來到空中時，夜鷹的飛姿像老鷹要襲擊黑熊那樣，抖動身軀，豎起羽毛。

隨後不斷「嘰～嘰～嘰～嘰～」的高亢鳴叫，那聲響猶如老鷹。荒原與山林裡沉睡的鳥兒全被那聲音嚇醒，一邊發抖一邊驚恐地抬頭往空中張望。

夜鷹只是一味地飛，飛呀飛，筆直地直衝雲霄。只見燃燒的山林烈火已如將熄的菸蒂，夜鷹仍舊不斷不斷地往上直衝。

氣溫驟降，夜鷹全身凍成一片雪白。空氣越來越稀薄，所以牠得不停地拍動翅膀。

即使如此，星星看起來還是一樣雄偉，絲毫沒有變小。呼吸喘息聲如鼓動的風箱，寒氣與冰霜像利劍，劍劍刺在夜鷹身體。

夜鷹的翅膀已經麻痺了，牠噙著淚水，抬頭看了天空一眼。

是啊，這是夜鷹最後的結局。夜鷹最後是墜地呢，抵達了天際呢？牠是倒下了，還是再度振翅而起了？實在是無從得知，牠的大嘴雖已扭曲，嘴邊盡是血漬，但至少可以確定牠的心是安詳的，牠的嘴角掛著一抹微笑。

過了一段時間，夜鷹睜開雙眼。牠看見自己的身體如燐火般閃著美麗的藍色光芒，靜靜地燃燒著。

牠身旁緊依著仙后星座，銀河的青白光芒在牠身後閃爍。於是，夜鷹之星持續燃燒。永遠地燃燒著。

直至今日，依然閃耀。

インドラの網
因陀羅網

我那時感到非常疲倦，於是就直接臥躺在習習涼風吹拂的草叢中。

昏睡在秋風下，我跟我的影子做了一場荒誕卻莊重的告別儀式。

我獨自穿越過一片黑冥的苔桃地毯，走向雪拉高原，苔桃結滿了紅果實。

高原上空是一覽無遺的慘白天色，比高陵產的瓷器還冷厲白皙。太陽已下沉，落入高原西側那尖聳的黑色山脈下，大部分如白瓷器的雲孤寂地浮游，使得稀薄空氣嗡嗡作響，這個聲音可能是黃昏造成的吧，我想。

我像條魚那樣游來游去，四處張望。

看不到鳥飛翔，甚至連隻溫馴動物的蹤跡也沒有。

「我到底是要尋找什麼，才要走在這樣的大氣圈上，感受這令人刺痛的空氣。」我探問自己。

苔桃已經消失，繼之長滿乾枯灰色的苔蘚地，到處開著紅色的苔花，然而這更增添了高原寒冷的悲悽感。

不知不覺地來到了黃昏時分，苔花已呈暗紅，西邊山稜線上的天空一片濁黃。

這時，我看見遠處有一座白色的湖泊。

「那大概不是水，而是蘇打水或是某種結晶吧！此刻欣喜萬分的我，絕不要因為被欺騙而沮喪。」我這樣告訴自己。

我急忙著向前行進。

越接近湖泊湖面越閃亮。過沒多久，我就看見純白的石英砂，與後方靜靜流動的水。

砂子嘰嘰作響，我拾起一小把，透過天空的微光觀察，那是一種透明、呈複合六角錐狀的砂子。

「是從石英安山岩或流紋岩來的嗎？」我站在湖邊自言自語地揣測著。

「這東西是冷卻過的水，也就是冰吧？」我又在心裡喃喃自語。

我的手掌在水中發出淡藍色的燐光，周圍頓時一陣喧嘩。「是風，還是草穗的聲響？」我的腦海浮起這句話。彷彿陷入黑暗中卻散發出些許粉紅光。

我再度睜開眼睛。

夜幕低垂，天空通透清朗。如鋼鐵般被完美冶煉磨製的浩瀚蒼穹下，銀河之水無聲地流動，鋼玉般的小砂石與岸邊發光的砂粒粒粒分明。

而且在桔梗色的冷冽蒼穹上方，有切片的鑽石，有細碎尖銳的藍寶石顆粒，還有如煙燻過草穗般的黃水晶，整齊地像被鑷子巧妙地排列著，自在地呼吸，隨意地顫動。

我再看看腳邊的砂，發現砂粒中發出閃亮的黃或藍色小火光。我想這大概是雪拉高原的過冷湖畔，看起來就像屬於銀河的一部分。

這時高原上似乎露出曙光，可以看見空氣中飄浮著細微的玻璃分子。首先是環繞東方天空的九顆小藍星，它們的光芒已如空中泉水似地減弱，東方的天際從藏青色轉成天河石板那樣的明亮。

我看見有人翱翔在那桔梗色的冷冽天空裡。

「終究，還是從屬於人類世界的雪拉高原來到了天庭。」我的胸口撲通撲通跳著這麼想。

天人筆直地飛翔。

「一瞬間，約飛了百由旬（一一二〇公里）。但仔細一看祂絲毫沒有任何移動，一動也不動的在原地。可是祂確實一瞬間飛了那麼遠的距離，非常厲害。」我自言自語的這麼說。

天人的衣服薄如煙，衣上的瓔珞在拂曉的天體上閃著微光。

「這裡的空氣稀薄均勻到幾乎呈現真空狀態，連一絲微風也吹不皺那細緻的衣裳。」我這麼想。

天人不眨眼地張開大大的藍眼睛，嘴角掛著一抹笑容，遨遊飛翔。但看不出有任何的移動或是變化。

「在這裡所有的慾望皆被淨化，一切的願望都歸於寂滅，重力彼此抵消，只有漂浮著清冷、淡淡的甜瓜氣息。所以天衣的衣帶才會不起波紋或筆直地下垂。」

就在那時，天空的天河石突然轉為葡萄瑪瑙石，已看不到天人飛翔的身影了。

「這裡是雪拉高原啊，我不過是瞬間被捲入那樣的情境罷了。」我自己提醒自己。然而奇怪的是，周邊仍然漂浮著像是天體上那股清冷的甜香味。如夢一般，我似乎又再次短暫地回到那神祕的天庭世界。

「這是件很奇妙的事，感覺天庭就在我身邊。順著路走，出現越來越多的金黃色雲母，也越來越靠近花崗岩。不斷發生這樣些微的錯覺，會讓我以為那一切都是真實。我一定可以在這個高原上再次感受到天庭世界。」我站著不動，思索著這件事。

隨後，我把目光轉向高原。所有砂子都呈現純白，而湖泊是深邃的藍綠色，那藍讓我的心臟一陣冰寒。

突然，我看到三位天童子出現在我前方。祂們身穿輕薄如霜的羅衣，腳上穿著透明的鞋，站在位於我前方的水邊，望著東方的天空，像在等待朝陽升起。那時東方的天空已經泛白。就我所知那天童子的打扮是屬於犍陀羅系統，這三位天童子正是于闐大寺遺址出土壁畫肖像中的那三位。我默默地接近，不動聲色，低聲與祂們打招呼。

「早安，于闐大寺壁畫裡的孩子。」

三人同時往我這邊看。祂們衣裳的瓔珞閃閃發光，黑色瞳孔肅穆莊嚴。

我邊靠近邊說：

「早安，于闐大寺壁畫裡的孩子。」

「你是誰？」右邊孩子不眨一眼的直視問了我。

「我是從于闐大寺沙堆中出土的青木晃。」

「你來這裡做什麼？」那孩子面無表情看著我的眼睛，這樣問著。

「我想和你們一起禮敬太陽神。」

「這樣啊，差不多要開始了。」三人轉身朝向太陽升起處。

瓔珞上反射出如短針似的黃橙綠色光芒，羅衣映照出如彩虹的色澤。很快地，燦爛的金色天空在對岸的湖邊那一片如鶯色般的原野底端，出現了熔化、誘人的古樸金色，和那個彷彿從反射爐燒出的紅色物體，發出了閃閃耀眼的光芒。

天庭的孩子直挺挺地立正合掌禮敬。

那莊嚴而神祕、像熔化般的圓形身軀微微震動，不久便端然升上天空，成為天界的太陽。閃耀的光柱傾瀉而下，照亮大地。

天庭的孩子忘我地跳躍到那片藍色寂靜的湖岸矽沙上方盤旋奔跑，卻突然撞上了我，又驚慌地飛走，其中一人指著天空喊著：

「你看，天空，那是因陀羅網。」

我看著天空。此刻從已經湛藍的蒼穹天頂到天際周邊，都轉為蒼白光譜網狀的因陀羅網，它的纖維比蜘蛛纖細，組織結構比菌絲綿密，清透、晶瑩，無數的金色與藍色交織成網，顫動地散發光輝。

「你看，那是風之太鼓。」其中一人在碰撞後，驚訝地邊閃躲邊大聲喊叫。確實，這時太陽彷彿充滿負極光能，發出了深藍、金色、綠色、灰色的光芒，充滿整個天空。沒有人在打鼓，但鼓聲卻響徹雲霄，而聽似上百成千的天之太鼓齊鳴卻又無聲靜默。

我一直盯著，因此看沒多久就感到頭昏眼花了。

「你看，藍孔雀。」剛才右邊的孩子經過我身旁時，輕聲地說。

天空中因陀羅網的另一側，數不盡的天鼓鳴響的空中，出現了一隻大藍孔雀，牠輕輕地咕咕叫，張開的尾羽散發出宛如寶石的光彩。那隻孔雀確實在空中，卻完全看不見牠。真的在啼叫，卻聽不見聲音。

我再也沒看到天庭那三個孩子。

只依稀記得，躺臥在草叢與風吹中，我那蒼白的軀體。

畑のへり
田邊

因為麻已經收割了，田邊栽種的那一排玉米叢就顯得格外醒目。小馬蠅，還有玳瑁色的小飛蟲，隨著風吹，全都大老遠地飛來這裡聚首言歡。

輕飄飄的穗在玉米叢的頂部搖曳，大筍殼葉的底端冒出尖尖的藍色豆莢，在風中沙沙作響。

一隻青蛙跳過收割後的田，朝這而來。忽然，牠發現了這排玉米叢，驚訝地說：

「哎呀呀，怎麼有奇怪的動物站著？身體瘦長纖細，還排成一排。難不成是傳說中的卡瑪人國的軍隊？唷，讓我來仔細瞧瞧！」

於是，青蛙拿出高級的望遠鏡，掛在眼睛上。牠瞥了一眼正在長大的玉米，突然「啊～啊～」大叫，甩掉望遠鏡，甩掉所有身上物，嚇得拔腿就跑。

青蛙跳了大約五百步時，遇見另一隻青蛙驚訝地看著牠。

「喂喂，是怎樣？到底是誰在瞪我？」

「為什麼？為什麼？現在情況十分危急啊！卡瑪人國的軍隊終於來了，他們每人帶著約二到三隻的幽靈在身邊，那幽靈約有七十顆牙齒，如果被那幽靈咬到肯定難逃一死。可憐啊，那些麻全被都被他們啃光了。那群正直又良善的嫩麻，就這樣被啃得連根骨頭都不剩，真的令人難以置信啊！」

「什麼，軍隊帶著幽靈來此？那幽靈真的那麼可怕啊？」

「我到底是為什麼要看他們啊！每隻幽靈都趴嘰趴嘰的甩動青白色的毛，七十顆牙齒，還有從腳到頭全身披著六件斗篷。」

「他們現在在哪裡？」

「戴上你的眼鏡就可以清楚看見了。在麻田的另一側，我可是丟了望遠鏡跟所有東西，一路逃到這來的。」

新來的青蛙拿出望遠鏡看。

「這哪是什麼幽靈？那叫做玉米啦，我是去年才知道的喔！他們才不是壞人，跟在旁邊的也不是幽靈。大家都是亭亭玉立的女孩，她們個個都穿著綠色斗篷。」

「穿著綠色斗篷啊？可是為什麼要那樣穿斗篷？從腳往頭反向穿啊？而且還穿六件，這真是我聽都沒聽過，看也沒看過的奢侈。真是豪奢啊！」

「哈哈，這世界無奇不有。比如，兔子那對長長快頂天的耳朵，你卻看不見那其實只是薄薄一層而已。豬的凸鼻子，嘴巴裡卻有十枚像蜻蜓那樣的透明翅膀。還有你知道所謂的人類啊，他們頭上長有十六隻手。就是有這樣的事存在。況且玉米女孩可是以有長長發亮的毛髮，備受好評唷！」

「好吧，走了啦。一想到長出七十顆白牙齒和閃亮亮的長髮，我就感到一陣噁心。」

「沒那回事。再靠近一點看看。咦，有誰去過了？喂喂，那個就是我剛剛說的人類。人類。那傢伙真是有夠恐怖。我們躲起來看看他要做啥，來，我借你望遠鏡。」

「哇哇，看得很清楚。哪有十六隻手。我只看到五隻手。啊！那個幽靈被抓走了。」

「借我看一下。啊啊，摘了摘了。大家被摘得體無完膚，瘦巴巴的。玉米驚恐萬分，所有葉子都刷刷刷的被扒開了。女孩摸著頭髮，放聲大哭。我看到的是十六隻手。」

「欸，換我看。原來真的是十六隻手？只是有四隻手非常小。欸，又有人來了，好像是個小女孩。」

「喂，等等！沒錯，是個小女孩。哎呀，現在那小女孩揪起玉米女孩的頭髮，把它塞入嘴裡，朝天空一吹，瞬間化為青白火焰，熊熊燃燒起來了。」

「往這裡來了，太可怕了。」

「別過來呀！啊啊，已經來了。好像在呼叫什麼似的。」

「唱歌啊！不過，唱得比我們還糟糕欸！」

「好難聽喔！應該讓我來唱唱。但我唱的話，她肯定會嚇一跳，朝我們這邊看過來。」

「你唱來聽聽嘛！如果她往我們這來，就躲到那片葉影下。」

「好吧，那我唱了唷！呱～呱～呱～」

「聲音太低沉了，音階再提高一點唱看看。」

「太累了，聲音出不來啦！呱～夠了！」

「是喔，那走囉，真是可惜。」

「我要去找望遠鏡了，再見囉！」

「再見。」

兩隻青蛙互相道別。

玉米叢沒了豆莢，變得十分寂寞，但玉米穗仍在空中飄揚。

屈鼠

クねずみ

有一隻名叫屈的老鼠，個性非常傲慢，自認為是鼠輩中當之無愧，最有學問的老鼠。每當其他老鼠高談闊論時，牠只會發出「哼嗯，哼嗯」的敷衍式的回應。

某天，屈鼠的朋友塔鼠來家裡作客。

塔鼠對屈鼠說：

「屈先生，今天天氣不錯。」

「是好天氣啊！那你有發現啥新玩意兒嗎？」

「沒有。景氣非常不好，怎麼辦呢？這接下來的景氣……」

「嗯，你認為如何？」

「是這樣沒錯啦，但景氣會越來越好的，不是嗎？」

「歐美的金融聽說漸漸走到停滯的高峰……」

「哼嗯，哼嗯。」屈鼠突然大聲清嗓子，塔鼠嚇到跳了起來，屈鼠側身不動，捻捻自己的鬍子然後開口說：

「嘿，接著呢？」

塔鼠終於放寬了心，再次把手放在膝蓋上坐好。

屈鼠也挺直身子面向塔鼠說：

「前陣子的地震真是嚇人。」

「確實。」

「我生平第一次遇到那麼大的地震。」

「不過，超令人興奮的。震源顯示在東經四十二度二分……」

「哼嗯，哼嗯。」

屈鼠再次嗥叫。

塔鼠雖然又受到驚嚇，但不像剛剛那樣震驚了。

屈鼠回復平靜後，說：

「天氣好轉了，你有想出什麼新點子？」

「沒有，什麼都沒想。不過，等天氣穩定晴朗時，我想去田裡看看。」

「田裡有什麼好東西嗎？」

「想說現在是秋天，多少應該會有一些收穫吧！天氣如果轉好，那該有多好啊！」

「那怎麼樣？天氣好嗎？」

「嗯嗯，根據新聞報導沖繩列島產生的低氣壓，將移轉到北北西方向。」

「哼嗯，哼嗯。」因為屈鼠又再度大聲清嗓子，這次把塔鼠嚇得渾身發抖，半站立了起來眼睛眨啊眨的，不敢再說話。

屈鼠轉身摸摸鬍子，橫眉用斜角餘光瞥了塔鼠的臉，過了一會盡量壓低壓低音量說：

「嘿，然後呢？」

塔鼠已經嚇得不敢再吭聲，很快就躬身行禮，禮貌性地用細弱的聲音說聲「告辭了」，便倉促逃離屈鼠的家。

屈鼠仰躺著，手拿一份《鼠賽報》攤開來看，自言自語地說：

「哼，我才不要變得跟塔那傢伙一樣。」

其實，《鼠賽報》是一份優良的報紙。只要讀報，就可以獲知鼠輩之間發生的任何大小事情。有偷很多玉米粒的沛鼠和帕鼠激烈競賽誰擁有最多砂糖的報導，也有海鼠、喜鼠、福鼠這三隻老鼠的女兒在學業競賽中解到比例問題時，三隻老鼠的頭居然相繼裂開的報導。總之，報紙上無奇不有。

來喔，來喔，各位真是不好意思，我們就來聽聽屈鼠讀誦今天的報紙吧！

「咦，加曼津國的飛機偷襲布哈拉。這問題不容小覷，很嚴重啊！但照目前狀況發展應該尚無大礙。咦，梓鼠下落不明！那個愛惡作劇的梓鼠是個有趣的傢伙。

閣樓裡街一號的梓氏，昨晚失蹤。根據本社稍早得知的消息，梓氏數日前與張金氏和鼠取氏有過聯繫，直至昨晚前，聽說牠與兩氏之間發生了感情上的衝突。

廚房街四號的奈氏描述，昨晚目睹梓氏去拜訪張金氏和取氏。床下路二十九號的豪氏更進一步說，牠聽到梓氏、張金氏、取氏三鼠，從昨天深夜激烈爭吵到今天早上的聲音，甚至不時還傳出打鬥的聲響。綜合以上所述，張金氏和取氏與本次失蹤事件有密切關聯。本社為探究事件真相，將會對張金氏、取氏做更深入的追蹤報導。

哈哈哈，呵，毫無疑問，梓那傢伙被取鼠吃掉了。接下來的發展一定很有趣。

這接下來的發展……天啊，咦，新任的鼠會議員是鐵氏。嘿嘿，嘿嘿啊！不妙，令人難以置信，鐵氏居然成為鼠會議員，這一點都不好笑。我來當都比牠好。這也不好笑。算了，出門散步去。」

於是，屈鼠出門散步去。牠撐大鼻孔，沉著臉往閣樓裡街的方向走，途中聽到兩隻蜈蚣正在講著蜘蛛的孝行故事。

「確實是不能那麼做。」

「是啊，是啊，的確沒錯。更何況那孩子自己身體狀況也不太好，卻要每天凌晨兩點起來餵藥、熬粥，深夜才能睡覺休息，那時都三點了吧？這樣子身體根本不能好好休息，真是讓人感動又憂心。」

「現在很難有如此孝心的好孩子了吧！」

「哼嗯，哼嗯。」屈鼠突然清了清喉嚨，還把鬍子撇向一邊。

蜈蚣嚇得不敢再多說話，各自分頭奔逃走。

屈鼠慢慢地爬往閣樓裡街的方向。閣樓裡街緊臨大路的廣場上，鼠會議員鐵氏與另一隻老鼠正在講話。

屈鼠就站在壞掉的畚斗上，一動也不動。

「因此，我的想法是無論如何，都應該彼此合作、團結、和睦、全心全意，才能做到更好。」鐵鼠說。

「哼嗯，哼嗯。」屈鼠發出不被聽到的輕蔑清嗓子聲。

另一隻老鼠只回應一句「嘿」，似乎就陷入沉思狀態。

鐵鼠繼續說話：

「如果要這麼做的話，就必須召開全球研討會，來帶動世界發展，否則將停滯衰退。」

「咳、咳、咳、咳。」屈鼠又開始發出清痰的聲音。另一隻老鼠回了句：「嘿」後，就又陷入沉思。

「所以，當世界文明無法更進一步發展時，那麼不光是政治，舉凡經濟、農業、工商業、美術，然後雕刻、界畫、舞台表演、藝術、周刊漫畫等等文化，甚至是體育，哈哈哈，這些都會變得非常糟糕。」

鐵鼠頗為自得其樂地講了一連串複雜又無聊的話。屈鼠聽了這些話，大為光火，握緊雙拳，為了不讓咳的聲音被聽見，還故意提高咳嗽的聲量。

另一隻老鼠還是只說了句：「嘿」。

鐵鼠又開始發表意見：

「因此，當經濟和娛樂休閒產業漸漸惡化，不滿的情緒終將引爆衝突爭執。若真是因此而造成任何傷害都不是我們所樂見的結果。我們必須本著團結一致、和睦共處的精神，攜手共同達成目標啊！」

屈鼠對於鐵鼠這番冠冕堂皇的話和自以為是的論點，非常不以為然。於是發出「哼嗯，哼嗯」的聲音。鐵鼠被嚇了一跳，全身顫抖、閉起眼睛，縮成一小團，不久，便慢慢地伸展開身體，睜開眼睛，接著大聲吼叫。

「這傢伙是個離間者！把牠抓起來，別讓牠跑了！」鐵鼠大聲吼叫。另一隻老鼠彷彿化為一顆彈丸般那樣撲向屈鼠，掏出捕鼠繩將屈鼠緊緊綑綁住。

屈鼠懊惱不已地流下眼淚，但又不知如何是好，就暫時安靜下來。鐵鼠拿出一張紙在上面寫了些字，順手把紙交給了捕役鼠。

捕役鼠走到被綑綁又掙扎的屈鼠前面，用清脆嚴肅的聲音開始朗讀：

「屈鼠這名離間者，應該在眾鼠面前被處以死刑。」屈鼠哀號地嘰嘰叫，哭了起來。

「喂，你這個離間者，快點走。」捕役鼠不耐煩地說道。

屈鼠驚恐至極，垂頭喪氣地站起來。所有老鼠從四面八方聚集了過來。

「真是太好了。牠就是那個老愛哼嗯哼嗯的臭傢伙。」

「果然是離間分裂者。」

「如果牠死了，將會是令人痛快的事。」這些輿論此起彼落。

捕役鼠精神奕奕地繫上白色背帶，準備執行刺殺酷刑。

就在那時，眾鼠背後傳來淒厲的聲音，那是一雙如火一般發亮的圓眼睛也就是是眾鼠皆知的貓將軍。

「哇！」所有老鼠往四方逃竄。

「通通別想逃，呵呵。」貓將軍緊追著其中一隻，但牠已逃到窄小又深的縫隙裡，不論貓將軍怎麼伸長貓爪要抓都抓不到牠。

貓將軍舌頭嘖的一聲，就果決地放棄，牠回頭一看只剩屈鼠還留在原地，驚訝地說：

「該怎麼稱呼您呢？」

此時屈鼠已經冷靜下來，回答道：

「我叫屈。」

「喔喔，為何會淪落到這地步呢？」

「因為要被執行刺殺酷刑。」

「呵呵呵，原來如此，值得同情。好吧，我收留你，到我家吧！我家有四個小孩，剛好缺一個家庭老師，你就來吧！」

貓將軍慢條斯理地往前走。

屈鼠誠惶誠恐地跟在後頭。貓將軍的房子相當氣派。紫竹編成的外觀，裡面有舒服的稻草和布料，甚至還有盛飯的餐具。

屋內有貓將軍的四個孩子，張開眼睛，喵喵地叫著。

貓將軍逐一舔了舔孩子後說：

「你們必須知書達禮有學問，所以我請了一位老師來教你們，要好好學習喔，絕對不可以吃掉老師，知道嗎？」

孩子高興地喵喵喵地笑說：

「謝謝父親大人。我們一定會認真學習，不會吃掉老師的。」

屈鼠雙腳不由自主地發抖。

貓將軍開口說：

「那麼請開始上課吧，特別是算術的部分。」

「嗯，好好，我知道了。」屈鼠回答。

貓將軍心情愉悅喵地叫了一聲，就走到一邊去了。

孩子大聲嚷嚷：

「老師，請快點教我們算術。老師，趕快。」

屈鼠心想得趕快教課才行，於是脫口而出：

「一加一等於二。」

「是。」孩子回應。

「一減掉一就是零。」

「明白了。」孩子回答。

「一乘以一等於一。」

「沒錯。」貓孩子張著眼睛這麼回應。

「一除以一等於一。」

「好的。」貓孩子開心地叫著，這讓屈鼠情緒高亢。

「一加二等於三。」

「答對了。」

「一減二……」屈鼠突然語塞，說不出話來。

貓孩子又是一陣喧鬧。

「一不能減二啦！」

屈鼠看到貓孩子這麼聰明，心裡很氣，只好說：「對啊！」

屈鼠耗費了半年的時間才學起來一加一等於二。

「一乘以二等於二。」

「正確答案。」

「一除以二……」屈鼠又語塞，不說話。

貓孩子再度異口同聲嚷叫：

「一除以二是二分之一啦！」

貓孩子的機靈惹惱了屈鼠，於是又慣性地發出「哼嗯，哼嗯。哼，哼」，

貓孩子先是嚇了一跳，過沒多久，彼此互看一眼後，全都站了起來。

「怎麼樣！你這個老愛忌妒別人的臭老鼠！」

貓孩子邊說邊各自啃著屁鼠的腿。

屁鼠驚慌地想要飛撲離開，情急之下，又發出「哼嗯，哼嗯。哼，哼。」的聲音，牠想要逃脫，但為時已晚。

屁鼠的四條腿漸漸被啃食消失，最後，四隻小貓用頭撞碎了屁鼠的肚子。

貓將軍從外面回來，開口問：

「你們學到什麼了嗎？」

「抓老鼠。」四隻小貓同時回答。

檜木與罌粟花

ひのきとひなげし

一片火紅的罌粟花，在風中身不由己地搖盪著，好像快喘不過氣來的樣子。佇立在罌粟花後面，一棵也被風肆虐吹得搖搖晃晃而挺不起身的嫩幼檜木，嘲諷似地說：

「你們全是一艘艘火紅的帆船耶，現在正遇上風暴。」

「才不是哩，我們不是那種帆船。你才是個徒長身高的笨蛋檜木。」罌粟花齊聲回應道。

「而在對面那朵花，則是一隻已經拋光磨亮的紅銅怪物。」

「你很討厭欸，太陽才不是什麼紅銅啦！你這個只長身高不長腦袋的笨蛋檜木。」罌粟花大聲反駁。

就在此時，太陽沙沙沙地做了四、五次的深呼吸之後，就隱沒於琉璃色的山巒後頭了。

風吹得更加猛烈了，檜木彷彿是一匹狂搖著尾巴的藍黑馬，罌粟花像發高燒似的，對著南風喃喃譫語，但風卻絲毫不留情面的持續肆虐著。

所有的罌粟花都稍稍靜了下來。東邊天際並列著四座巨大尖聳如山峰的蒼白積雨雲。

最小的罌粟花自言自語：

「唉，好無聊、好無聊喔！我就只能一輩子當個和聲伴唱者呀，如果能讓我體驗一次當明星的滋味，要我明天去死也可以喔！」

旁邊有著黑斑的花，馬上接著說：

「沒錯，我也這麼想。因為不管有沒有當明星，明天終究會死呀！」

「哎喲，即使不當明星，我如果像你那樣的天生麗質，就非常滿足了。」

「別說恭維的話。很無聊欸！也是啦，我確實在某些地方比你優秀。畢竟，我一直都是這麼認為的。不過你覺得鳳仙花如何？簡直令人望塵莫及呀！你看身穿藍色背心的虻蠅和黃條紋蜜蜂，全都爭相直飛去那兒呢！」

一陣狂風吹來，對面的向日葵花圃裡，出現了一隻惡魔化身的小青蛙，身穿貝多芬式的羽織禮服大衣，手牽著由牠親自調教出來的徒弟，比新月還氣質高雅的蔷薇女孩，神情顯得相當慌張。

「呀，是走錯路，還是地圖標示錯誤啊？失敗，失敗。哎，來問看看吧！您好，請問美容院在哪呢？」

罌粟花一見到高雅氣質的蔷薇女孩，又聽到是要去美容院，感到震驚而羞愧到沒有回應。惡魔蛙於是對蔷薇女孩說：

「這附近的罌粟花大概都是聾子或怎樣吧？甚至都是文盲吧！」

化身成為惡魔徒弟的女孩，嘴巴微嘛著，很柔順地點點頭。

明星鳳仙花勇氣十足的回答：

「請問您有何貴事呢？」

「啊，是這樣的。嗯，我想打聽一下，美容院位於哪裡呢？」

「哎呀，真不湊巧我不知道欸！是說這附近有美容院嗎？」

「那是當然。老實說我身邊這個女孩，以前是個既尖酸又難相處的傢伙，令我十分擔心，所以我讓助理大約來過三次，讓她接受完整的美容技術訓練。先不提這些，今天能來此與你們交流相會，也算完成心願了。明天我將帶她到紐約，所以前來說聲謝謝，以示感激。那麼在此告辭了。」

「啊，等等。請稍等一下。那位美容老師好像去哪出差的樣子？」

「這樣啊！」

「既然如此，那這次就換我誠摯邀您過來我們這邊，如何？」

「喔，可是，我不是那位老師的學生。不過，既然你都那樣說了，好，走吧！先告辭了。」

惡魔牽著女孩的手走到對面的土堤後方，閉著一隻眼睛說：

「妳就從這回去吧！回去後，把高麗菜和鯽魚放到灰裡煮。那麼，這次我是醫生。」邊說邊幻化成一個有著白鬍子的迷你醫生。惡魔的徒弟也很快幻化成一隻大麻雀，咻地飛走了。

東邊的積雨雲越來越高，越來越白，現在幾乎都伸展到天頂了。惡魔急著趕往罌粟花的處所。

「咦，不是說在這一帶？可是門上怎麼連門牌都沒有啊？來問一下。請問罌粟花小姐住哪裡呢？」

靈巧的鳳仙花興奮地回答：

「嗯嗯，罌粟花就在前面不遠處。請問您是哪位？」

「是，我是剛剛從伯爵那收到留言的醫生。」

「真是太失禮了。這裡連張椅子都沒有，請往這邊走。我們會一起變得美麗嗎？」

「當然可以。只要服下三帖藥，就能跟剛剛那位女孩差不多喔！不過，這藥有點貴。」

罌粟花全都變了臉色，唉聲嘆氣。鳳仙花追問：

「那大約是多少錢？」

「嗯，一個人五張銀票。」

罌粟花全都鴉雀無聲。惡魔醫生捻著下顎鬍子，抬頭仰望天空。積雨雲逐漸消散，天際間現出靜謐的金光，無聲地往北邊流瀉。

罌粟花依舊沉默不語。醫生也一直捻著鬍子，花圃的遠方已呈現一片朦朧的藍色。這時吹來一陣風，引起罌粟花小小的騷動。

醫生翻了個白眼後，很快地又恢復方才安靜的氛圍。

最小的罌粟花這時鼓起勇氣說：

「醫生。我身無分文啦！不過，我頭上那少有的鴉片可以給你抵債。那不是隨意可以給任何人的。」

「喔，鴉片是嗎？這樣我會得不償失，不過算了，反正我也需要這種藥。好吧，我了解。那就簽張字據吧！」

與此同時，大家此起彼落地懇求：

「我也拜託您替我做。請您也為我做。」

醫生一副遇到困難，皺著眉頭認真思考的樣子。

「真是沒辦法，好吧，就當作是做慈善。我明白了。來簽字據吧！」

就在罌粟花心想「慘了！我們根本不會寫字」時，惡魔醫生已經從帶來的包包裡拿出一疊印好的字據，然後笑笑地說：

「那麼我現在啪啦啪啦地每翻開其中一張紙，你們就跟著一起念誦：『我願奉獻出全部的鴉片』。」

真是太好了，罌粟花又掀起一陣騷動。醫生站起來開口：

「那麼～」啪拉啪拉啪拉啪拉——

「我願奉獻出全部的鴉片。」

「很好。我立即給藥。一帖、兩帖、三帖。現在我將開始在這唱誦第一帖藥的咒文，讓這裡的氛圍飄盈著亮紅的波光。之後，大家把這藥給喝下去吧！」

惡魔醫生以不可思議的優美嗓音，哼唱著奇怪的歌。

「別在意白晝的草木與砂石，
忽視那陽光的照耀，
讓紅光齊聚帶走所有的
一籌莫展吧！」

果真如此，在那原已一片淺黃的空氣中，隱隱約約可以看見紅色的閃動波光。所有罌粟花使勁拚命地吸著那股風，要讓自己成為最漂亮的那一個。

惡魔醫生就站著觀看這一切，等光消失後，他又說：

「那麼接下來第二帖——

別在意白晝的草木與砂石，
忽視那陽光的照耀，
讓紅光齊聚帶走所有的
一籌莫展吧！」

空氣中若隱若現地飄著如蜜那樣色澤的波光，所有罌粟花都再次拚了命地吸收。

「那麼，第三帖。」正當醫生開口要說話時。

「喂，醫生，可以不要用那麼奇怪的聲音講話嗎？這裡是聖喬瓦尼先生的庭院欸！」檜木高聲大喊。

這時突然刷～的吹起風來。檜木大叫一聲。

「你這個冒牌醫生，給我等等。」

醫生頓時驚惶失措，化為一團又黑又大的狼煙，逃得無影無蹤，不知往哪去了。那雙腳像鉗子那樣尖銳，醫療包包也如煙消失不見了。

所有的罌粟花都驚呆了，傻愣愣地看著天空。檜木在那說：

「只差一步，你們的頭就要被吃掉了。」

「這樣很好不是嗎！你這多管閒事的檜木。」

外表看起來已經焦黑的罌粟花生氣地罵著檜木。

「不是那樣的。如果你們都被那個青色的小男芥子（木芥子）給慢慢蠶食的話，那麼這裡明年就只會長草而已，更何況心心念念想要成為第一明星的你們，根本不知道明星是何物。

所謂明星的花其實是屋頂上的星星，它們正出現在天空。再過一會，它們就會一起出現在天空。對對，就是全明星出動的概念。所謂的全明星出動就是那樣。雙子星座是雙子星座，獅子星座是獅子星座。它們是各自在定位上閃耀著光芒的全明星。

嗯，值得感恩的是一直嚷嚷想要變成明星的你們，其實本身就是明星了，而且還是全明星陣容啊！就是這麼一回事囉！你們聽聽。

天上的花兒是星星，人間的星星是花兒。」

「到底在說什麼呀。真是個傻蛋檜木，我們才不想要活的像那個小男芥子啦！還有那奇怪的聲音，我們才不會成為惡魔的使徒哩！哇啊，哇啊，愛管閒事，愛管閒事的高個兒檜木。」

罌粟花果然還在生氣。

但，如今它們的臉看起來已經一片暗黑。積雨雲完全飄散化為形體如牛的雲朵，星星也已開始在天空閃閃爍爍。

檜木繼續保持沉默地仰望天空。

西邊的天際光彩絢爛，東邊的雲峰漸次消散，有顆銀色星星正在那閃閃發亮。

注文の多い料理店

要求特別多的餐廳

兩個身穿英式軍服的年輕紳士，肩上扛了亮晶晶的獵槍，帶著兩隻長得像白熊的獵犬，走進深山裡。樹木落葉被踩的嘎沙嘎沙作響，其中一人邊走邊說：

「這座山真是奇怪，居然連隻飛禽或野獸都沒有。欸，不管什麼生物都可以，快點讓我射出一枚子彈看看啦！」

「朝著野鹿的黃色側腹射個二、三發子彈，看牠團團轉打滾，最後不支倒地的樣子，就讓人覺得痛快。」

那裡已經位處深山之中。就連擔任嚮導的專業獵槍手，也跟兩人走散，不知消失在深山何處了。

再加上山路險峻，那兩隻白熊似的獵犬，在感到一陣暈眩，狂吠了幾聲後，同時口吐白沫死掉了。

「這樣我就損失二千四百元了。」其中一個紳士翻了翻狗的眼皮這樣說。

「我是損失二千八百元啊！」另一個則懊惱地低下頭嚷嚷著。先說話的紳士臉色有點凝重地直盯著同伴，看著他的臉說：

「我想要回去了。」

「嗯，我也覺得又冷又餓了，我想我也該回去了。」

「那好，就到此為止吧！回程的路上，就在昨天寄宿的旅店，花個十元買些山鳥回去就好。」

「好像也有兔子。這樣的話，就跟我們自己打到的獵物收穫是一樣的。我們趕快回去。」

然而，他們遇到麻煩了，到底要從哪邊走才能回去呢？

風呼嘯著，草和樹葉被吹的沙沙作響，樹木也被吹的東歪西斜。

「肚子好餓喔！從剛剛開始我的肚子兩側就一直疼痛難耐。」

「我也是。已經走不動了。」

「一點都不想走路。唉～不知如何是好。真想吃點東西啊！」

「吃點什麼都好啊！」兩人走在刷刷作響的芒草叢中，哀怨地訴苦著。

就在那時，兩人不經意地回頭看了一眼，發現一間氣派的西式洋房。大門玄關掛著招牌：

RESTRUANT

西式餐廳

WILDCATHOUSE

山貓軒

「你看，真是太好了。這裡居然開了一間這樣的店，我們進去吧！」

「對啊，在這開店也真是奇怪。不管它，先吃點東西再說。」

「當然有東西吃，招牌寫得清清楚楚。」

「進去吧，我再不吃點食物，可能就要昏倒了。」

兩人站在玄關處。玄關是用白色瀨戶磚砌成，非常華麗。

玻璃門上用金色文字寫著：

「**歡迎大家蒞臨。別客氣，請盡情享用。**」

兩人站在那裡，喜形於色地說：

「這是怎麼一回事，這世界畢竟還是美好的，今天累了一整天，卻在這遇到這麼好的事。這家雖是餐廳，但竟然是免費招待。」

「好像是耶！『別客氣，請盡情享用』應該就是那個意思吧！」

兩人推門入內。門後有一條走廊，那玻璃門的內側用金色文字寫著：

「對於肥胖人士與年輕人的到來，我們更加歡迎。」

兩人看到「更加歡迎」這樣的字眼，喜出望外。

「你看，我正是大受歡迎的人。」

「我才是兩者兼具啦！」

順著走廊往前走，這次是一扇塗著淡藍色油漆的門。

「這真是個奇怪的房子。怎麼會有這麼多的門呢！」

「這是俄式建築。在寒帶地區或是深山，才會看到這種風格的房子。」

正當兩人要打開門時，發現門上面用黃色的字寫著：

「**由於本店是接收不少預約的餐廳，懇請見諒！**」

「地處深山祕境，還這麼受歡迎啊！」

「好像是喔，你想想，東京的大餐廳好像也不會開在大馬路旁。」

兩人邊聊，邊把門打開，只見門後又寫：

「**預約真的很多，請耐心等候。**」

「這到底是怎麼一回事？」其中一個紳士皺著眉說。

「嗯，可能是預約多到要花點時間準備，不得已只好一直這樣道歉吧！」

「大概吧，真想趕快進去吃東西的餐廳。」

「**然後坐在餐桌前等餐。**」

但，讓人不耐煩地又出現一扇門。門旁掛著一面鏡子，鏡子下放著一把長柄刷子，門上用紅字寫著：

「親愛的客人，請在這裡梳理頭髮，並請刷掉鞋上的汙泥。」

「這麼做確實合乎情理，我剛才在玄關入口處，心裡低估了這家深山的餐廳。」

「如此作法嚴謹的餐廳，想必有很多名人經常造訪吧！」

於是，兩人在那把頭髮梳理整齊，清除鞋子上的泥巴。

結果，怎麼了？當兩人把刷子放在地板的那瞬間，刷子消失不見了，一陣風吹了進來。

兩人嚇了一跳，緊緊地靠在一起。門砰一聲地打開，他們走到下個房間。

兩人都想著，得趕緊吃點熱的東西暖暖身子恢復體力才行，不然，接下來不知道又要遇到什麼令人心驚膽顫的事。

這扇門後又寫著奇怪的話：

「**請把獵槍和子彈放在這裡。**」

仔細一看，旁邊有一張黑檯子。

「確實如此，帶著獵槍沒辦法好好吃飯。」

「不對，應該是有大人物來用餐。」

兩人卸下獵槍，解開皮帶放在檯子上。

隨後，又有一扇黑門。

「**請脫下帽子、外套和鞋子。**」

「怎樣，要脫嗎？」

「沒辦法，就脫吧！看來真的有大人物來到深山這家餐廳。」

兩人把帽子和外套掛在掛勾上，脫下鞋子，就赤腳走進門。

這門後又寫了：

「**請將您的領帶夾、袖扣、眼鏡、錢包、金屬類的用品，特別是尖銳物品，全部放置於此處。**」

門旁放著已經打開櫃門的漆黑色高雅保險櫃，櫃門上還插著一把鑰匙。

「哈哈，看來這裡有些食物是用電力烹調的，碰到金屬物品，特別是尖銳物確實會有危險，應該可以這麼解釋吧！」

「大概吧，我猜用完餐結帳的地方，就在這裡。」

「看起來應該是。」

「是啊，肯定沒錯。」

兩人拿下眼鏡，取下袖扣，全部放入保險櫃後，就鎖上櫃門。

繼續往前再走幾步，又出現一扇門，門前有個玻璃壺，門上面寫著：

「請用壺裡面的奶油塗滿您的臉和手腳。」

看看壺裡，確實有鮮奶油。

「這次要塗奶油，到底是怎麼一回事？」

「這個嘛，大概是因為外面非常寒冷。怕客人進到過於溫暖的室內之後，會皮膚龜裂，所以才有這樣的準備吧？這裡頭應該真的有知名人士到訪。說不定是達官顯要喔！」

兩人用壺裡的奶油塗在臉上、手上，也脫下襪子，把腳塗上奶油。即便如此還是有剩下一些奶油，兩人於是假裝把奶油塗滿全臉，其實是偷偷地吃掉了奶油。

伊森楊太郎
要求特別多的餐廳

隨後立即打開下一扇門，門後又寫了：

「有好好地塗上奶油了嗎？耳朵也有好好塗嗎？」

這裡放了一隻裝奶油的小壺。

「對對，我忘了塗耳朵了。好險，耳朵差點就要裂開欸！這兒的主人，真是非常細心周到啊！」

「是啊，連這麼微小的細節都注意到了。話說回來，我實在很想快點吃些食物啊，怎奈這裡到處都是走廊！」

接著前面又是另一扇門。

「料理即將完成。

十五分鐘之內，

馬上讓您享用。

現在請盡快使用瓶中香水噴在您的頭上。」

門前放了一瓶閃亮的金色香水瓶。

兩人拿起香水瓶就往頭上噴灑。

但那香水味怎麼聞都是醋味。

「這香水怎麼聞起來是股酸醋味道。不知怎麼了？」

「弄錯了吧，會不會是侍女感冒放錯了？」

兩人打開門，進入裡面。門後用大大的字體寫上：

「實在過意不去，對您提出這麼多瑣碎的要求，應該感到不耐煩了吧？這是最後一次。請大把拿出壺內的鹽巴，仔細地抹在您的身上。」

一旁確實放著一個精緻的青色瀨戶鹽壺，但這次又是怎麼一回事呢？兩人互看彼此那塗滿奶油的臉，不禁開始感到惶恐不安。

「太奇怪了。」

「我也覺得奇怪。」

「接收很多預約的意思，其實是不斷要求我們配合，而那個俎上肉其實就是我們。」

「所以，就我所知，一般西式餐廳是提供西式餐點讓來店客人品嘗享用，而這裡是把進來店裡的人，當成西式餐點來大快朵頤。這……這……我……我們……」兩人嚇得全身顫抖，再也說不出話來。

「所以，我……我們……哇啊！」兩人驚恐到全身抖動，無法言語。

「快逃……」其中一人試著要推開後面的門，但那門，卻一動也不動。

屋內還有另一扇門，門上有兩個大的鑰匙孔，分別是銀色的叉子和刀子的形狀，寫著：

「真是辛苦了，

終於告一段落完成了。

此刻請進到裡面來。」

更駭人的是，鑰匙孔後有雙骨碌骨碌的青眼珠正在窺探他們。

「哇！」抖啊，抖到不行。

「哇！」抖啊，抖到不行。

兩人被嚇到哭了。

這時門後傳來窸窸窣窣的說話聲：

「不妙。好像被發現了。他們好像還沒抹鹽巴欸！」

「那是理所當然。老闆文筆那麼差。寫什麼『對您要求太多，真是過意不去』這些不著邊際的話。」

「隨便啦，反正我們連根骨頭的肉都啃不到。」

「也是。但如果那些傢伙不進來這，就是我們的責任欸！」

「呼喊一下好了，唷吼！喂，親愛的貴賓，趕快進來、進來、進來呀！我們的盤子已經洗乾淨，蔬菜也抹好鹽了。只剩下您進來和蔬菜一起擺上純白的盤子而已。請快進來呀。」

「嘿，還是您不喜歡做成沙拉冷盤？如果是，那我現在開始起火，改用油炸的。總之請趕快進來！」

由於過度驚恐害怕，兩人的臉扭曲得像被捏皺的紙，彼此顫抖地對望著，默默地一直流淚。

裡面又傳出呵呵的訕笑和叫喊聲：

「進來，進來啊！哭成那樣，會把特地抹上的奶油都流掉啦！嘿，回來囉！現在立刻送餐過去。欸，趕快進來！」

「快點進來，我們老闆已經戴好餐巾，拿起刀叉，舔舌，垂涎欲滴地等待客人您了啊！」

兩人一直哭、一直哭、一直哭。

這時背後突然出現，「汪～汪～嗚～」的聲音，只見那兩隻長得像白熊的狗破門而入，進入房間。貼著鑰匙孔的那雙眼睛瞬間消失無影，狗在房內到處走動，凶狠地低鳴一會，然後狂吠，「汪～」地衝到另一扇門，門發出一聲巨響，兩隻狗像被吸入房內似的衝了進去。

那扇門後竟是無止盡的暗黑幽冥。傳來「喵～嗚～叩隆叩隆～」和喀嚓喀嚓的聲音。屋子剎那間如煙消散，只剩兩人站在草叢中，他們因寒冷而不停地顫抖。

仔細一看，他們的上衣、鞋子、錢包、領帶夾等東西，不是掛在樹枝上，就是散落在草地樹根旁。風咻咻地呼叫，草沙沙作響，樹葉喀嚓喀嚓摩娑著，樹木則轟隆隆地低鳴。

狗狂吠著跑了回來。

這時背後又傳來「先生，先生～」的叫聲。

兩人一下子回過了神，大叫：

「喂，喂！這裡這裡，請趕快過來。」

戴著簑帽的專業獵人撥開草叢，聞聲朝他們趕了過來。此刻，兩人才終於安下了心。

然後吃了獵人帶來的糰子，回程途中，買了十元的山鳥帶回東京。

只不過，方才被嚇得如皺巴巴紙的臉，即使回到東京，不管用溫水怎麼洗，都無法再回復像以前一樣的樣貌了。

座敷童子

ざしき童子のはなし

這是關於我們故鄉，座敷童子的傳說。

白天，所有人都去山裡工作，獨留兩個孩子在庭院裡玩耍。偌大的房屋裡沒有任何人，靜悄悄地。

但是，你可以聽到某個房間傳來掃帚刷過地面「沙～沙～沙～」的聲響。

兩個孩子肩並肩手牽著手，緊緊相依，不吭聲的到處探看，每間房間都沒人，刀劍匣安然靜置在原處，只見檜木圍籬閃閃發青，四處不見人影。卻可以聽見「沙～沙～沙～」的掃帚聲響。

是遠處傳來百舌鳥的鳴叫嗎？還是北上川的潺潺水聲？又或是剝豆莢的聲音？兩人靜靜地聽，不斷地在心裡揣測，始終無法確定是哪裡傳來的聲響。但確實可以清楚聽到某處傳來沙沙沙的掃帚聲。孩子再一次靜悄悄地窺看過每個房間，還是沒半個人影，只有太陽灑進屋內耀眼明亮的光而已。

這就是座敷童子。

「繞大街。繞大街。」

整整十個小孩手牽著手圍成圈圈，一邊拚命地大聲地這樣呼喊，一邊咕嚕嚕、咕嚕嚕、咕嚕嚕、咕嚕地在房間裡轉圈圈。小孩一聽到這樣的吆喝聲跟動作，就會被吸引而來。

咕嚕嚕、咕嚕嚕、咕嚕嚕、咕嚕嚕，繞著圈圈玩了起來。

但不知怎地，手牽著手圍成的圈圈變成十一個人了。

沒有出現陌生的臉，也沒有出現兩張相同的臉，但人數怎麼算就是十一個人。那個多出來的人就是座敷童子喔，大人這麼說。

可是，到底是多了誰？在場每個人都獨一無二啊，無論如何都不會是座敷童子啊，大家正襟危坐，睜大眼睛拚命地認真確認彼此。

這就是座敷童子。

然後，也發生過這樣的事情。

某個大家族的本家，一向會於每年農曆八月初，邀請分家的孩子來參加如來佛祖的祭典。有一年一個孩子染了麻疹，得在家休養。

「我要去如來佛祭典啦，我要去如來佛祭典啦！」那孩子每天躺在床上這樣說。

「祭典延後了，你要快快好起來喔！」本家的老奶奶去探病，摸摸孩子的頭這麼說。

九月，孩子身體康復了。

於是，大家都被召集過來。然而，其他孩子在祭典延後這段期間，只拿到鉛製人形玩偶鉛兔當作補償的禮物，覺得一點都不有趣，無聊極了。

「都是因為那傢伙，讓我們這麼苦候多日。就算他今天來了，我們也不要跟他玩。」大家這樣約定。

座敷童子
伊森楊太郎
伊森楊太郎

「喂喂，來了！來了！」正當大夥在房間玩得起勁時，突然間，有人大聲嚷嚷。

「好，躲起來吧！」所有人都躲進隔壁的小房間。

結果如何呢？終於來了。那位大病初癒的孩子，他的身形變得十分消瘦，臉色蒼白，看起來快哭出來了。他抱著新玩具熊，端坐在房間中央。

「座敷童子！」有人哇哇大叫，嚇得逃跑。其他人也驚慌地跟著跑掉了。座敷童子哭了。

這就是座敷童子。

另外，還有一個北上川朗妙寺邊的擺渡人告訴我的親身經歷。

「農曆八月十七日的晚上，我喝了酒，很早就上床睡覺。『喂咿～喂咿～』河口對岸有人大聲呼喊。我起床走出小屋查看，月亮正高掛在天邊。我匆忙把船拉出來，用力撐篙離開岸邊。擺渡到對岸時，一看是位帶刀的漂亮孩子，他身穿有家紋及下裳的和服，腳上是白色夾腳草鞋。就一個人。我說：『要渡河嗎？』他說：『麻煩你了。』那孩子上了船。當船駛到河中央時，我佯裝沒看，卻偷偷仔細觀察那孩子。他雙手置膝端坐著，抬頭仰望天空。

『請問你要去哪裡呢？是從哪裡來的呢？』孩子用可愛的聲音回答：『我在那邊的笹田家待了好長的時間，已經厭倦了，所以想換去別處。』我問他為何感到厭倦呢？孩子只是靜靜地笑著。

於是我再問：『那你接下來要去哪裡呢？』孩子說：『更木的齋藤家。』抵達岸邊時，那孩子不見了，我則是坐在小屋門口。我不知道那是不是一場夢。不過千真萬確的是，從此之後笹田家沒落了，更木的齋藤一身病卻居然痊癒了，兒子也大學畢業，家族逐漸蓬勃興旺了起來。」

這就是座敷童子。

猫の事務所
貓咪事務所
——關於某小小官衙之異想……

貓的第六事務所就坐落於輕便鐵道的停車場附近，這間事務所的主要職責是管理貓的歷史與地理等檔案資料。

所裡的每個書記都身穿短版的黑緞工作服，這使得這份工作更受外界的尊敬與欽羨。如果哪個書記因故離職的消息傳出來，那些在外虎視眈眈的年輕貓群，就會想上門來爭取那個好不容易出缺的職位。

不過，根據組織章程規定，這間事務所的書記最多只能有四個，所以在眾多應徵者中得是字體書寫得最工整漂亮，且能吟誦詩句的貓才能脫穎而出。

事務長雖是隻有點年紀的大黑貓，但牠的眼睛猶如鑲了幾圈銅線那樣炯炯發亮，派頭十足。

事務長轄下有四名部屬：

一號書記白貓。

二號書記虎貓。

三號書記三毛貓。

四號書記竈貓。

所謂的竈貓，並非天生就是竈貓，任何一隻貓都可能成為竈貓。

有些貓偏偏有這樣的癖好，夜裡喜歡蜷縮在竈爐裡打盹取暖，於是身體老是裹著髒髒黑黑的煤炭灰，尤其是鼻子和耳朵的部位，看起來的就像狸一樣。這讓其他的貓都很討厭竈貓。

面對如此處境的竈貓不管多麼地努力認真，都不可能成為書記。但，就因為這間事務所的長官——事務長，本身就是隻黑貓，竈貓才能從四十隻應徵的貓群中，被拔擢錄用。

寬敞的事務所正中央，黑貓事務長沉穩地坐在鋪有紅呢絨布的辦公桌前。辦公桌右邊是一號白貓和三號三毛貓，左邊是二號虎貓和四號竈貓，各自端坐在自己的小桌子前埋頭苦幹。

話說，貓的地理或是歷史對貓民有什麼用處呢？

情況就像這樣：

叩、叩、叩，有貓民敲拍事務所的門。

「進來。」黑貓事務長把手放在口袋，身子往後仰，威風地大聲喊著。

四個書記則是低著頭，看似忙碌地在認真翻閱資料簿。

奢華貓進來了。

「有什麼事？」事務長問。

「我想去白令地區吃冰河鼠，那附近哪個地方的冰河鼠最好吃？」

「嗯嗯，一號書記，你來說說冰河鼠的產地分布在哪？」

一號書記翻開藍色封皮的大資料簿，邊看邊回應：

「沃斯特葛梅拉、紐帕斯開亞、弗薩河流域。」

事務長對奢華貓說：

「沃斯特葛梅拉、紐帕……什麼來著啊？」

「紐帕斯開亞。」一號書記和奢華貓異口同聲地說。

「對對！是紐帕斯開亞，然後是哪裡啊!?」

「弗薩河。」這次奢華貓又和一號書記同時出聲回應，讓事務長的面子有點掛不住了。

「沒錯，就是弗薩河啦，這幾個地方應該都不錯。」

「那去這幾個地方旅行，該注意哪些事項？」

「嗯，二號書記換你來說明一下到白令地區旅行的注意事項。」

「是！」二號書記，翻開自己的資料簿，念念有詞地說：「那些地方不適合夏貓去旅行！」

這時，所有在場的貓都不約而同地盯著竈貓看。

「而冬貓該小心注意的是，在函館附近可能會遇到被馬肉誘騙的危險。特別是黑貓一定要充分表明自己只是到當地旅行的貓，才不會被誤認為黑狐，遭到追殺獵捕。」

「好了，該注意事項就是這些了。您不像我是隻黑貓，所以不用過於擔心，到函館時，對馬肉提高警覺就好！」

「嗯嗯，那再請問，那一帶有什麼樣的達官顯要？」

「三號書記，你舉出幾個白令地區的達官顯要來聽聽。」

「是，我找找，白令地區有誰呢，啊，有了，是杜巴斯基和元佐斯基。」

「杜巴斯基和元佐斯基這兩位是什麼樣的貓呢？」

「四號書記，你大致描述一下杜巴斯基和元佐斯基。」

「好！」四號書記竈貓已做好準備，把兩隻短短的手放在大資料簿標示杜巴斯基和元佐斯基的位置上等待著。

事務長跟奢華貓看見這樣的舉動，深感佩服。

其他三個書記對這隻看似笨蛋的竈貓，則露出不屑的眼神，在旁冷笑。竈貓認真專注地唸出手上的資料內容。

「杜巴斯基是位德高望重的酋長，眼睛炯亮有神，說話慢條斯理。元佐斯基是個大富豪，講話也是慢條斯理，眼神炯炯。」

「這樣啊，那我了解了。謝謝！」奢華貓離開事務所。

事務所的日常運作情況就類似如此，為貓民提供諸多方便之處。在這件事經過半年後，第六事務所居然被廢除了。而導致廢除的理由，大家應該有注意到，那就是三名書記非常厭惡四號書記竈貓。特別是三號書記三毛貓，總是想方設法地要搶走竈貓的業務工作。

竈貓雖然絞盡心思地想與大家和平共處，卻總是不得其門而入。

舉例來說，某天，虎貓把午餐便當拿出來放在辦公桌上的時候，突然想打哈欠。虎貓於是高高舉起那雙短短的手，打了一個大哈欠。這舉止在貓同儕或貓長輩面前並無大礙，不是失禮的行為，就如同人類會捻捻鬍鬚那樣的稀鬆平常。但就那麼巧，虎貓撐起的兩腳讓桌面傾斜，便當滑落了，還滾到事務長桌前的地板上。鋁製的便當盒雖然撞凹了，但幸好沒有破裂。

看見便當盒滑落的瞬間，虎貓急著收起哈欠，手越過桌上伸出去想要接住便當盒，雙手使力地揮舞著，卻怎麼也抓不到滾來滾去的便當盒。

「你這樣不行啦，抓不到的。」黑貓事務長邊啃麵包邊笑著說。那時的四號書記竈貓，正打開自己的便當盒蓋，一見狀立刻起身，撿起便當要遞給虎貓。但虎貓突然惱羞成怒的不接受竈貓好意撿起的便當，反而將雙手放在背後，身子顫抖，暴怒地吼著：

「你什麼意思啊你!!你要我吃這個便當?要我吃這個從桌上掉到地板的便當?」

「不是，我只是看到你要撿，幫你撿起來而已啊！」

「我哪有要撿！我只是看到便當盒掉到事務長前面，感到失禮，想趕緊把它推到我的桌子底下。」

「是這樣啊！我是看那便當盒就滾來滾去……滾來滾去的……」

「你這話真是太沒禮貌，太可惡了。我絕不善罷干休……」

「夠了，夠了，夠了！」事務長故意提高音量出聲制止，為了不讓虎貓說出「決鬥」二字。

「好了啦，不要再吵了。竈貓君也不是故意撿起便當要虎貓君你吃啊！對了，我早上忘記說了，虎貓這個月月俸加薪十塊錢。」原先擺臭臉，低頭被訓斥的虎貓一聽，終於露出高興的笑臉。

「方才驚擾到大家，感到十分抱歉！」虎貓略表歉意，瞪了一眼竈貓後，就坐回原位了。

諸君朋友，我真的很同情竈貓的處境。

因為過了五、六天後，又發生類似的狀況。之所以常常發生這樣的事情，一是貓生性懶散，二是貓的前腳也就是手，實在太短了。這次事件是對面座位的三號書記三毛貓，一早開始工作前，牠的筆在桌上滑滾，然後滾落地上了。這時如果三毛貓立刻站起來接住筆，倒也沒事。但牠就懶，想學之前虎貓那樣，將兩手伸長越過辦公桌去接，這次當然也是失敗，沒接住筆。三毛貓因為個子特別小，只好將身體往前傾，這一探身，腳就離開了座位。

猶豫著要不要幫忙撿筆的竈貓，因為不想重蹈覆轍，遲疑一下，眨了眨眼睛，最終還是起身。

這次又這麼巧，竈貓起身之際，三毛貓因身體懸空，從桌上墜落，頭部重重地撞擊到地面。因為發出很大聲響，黑貓事務長嚇了一跳馬上站起來，從後面的架上拿出一瓶氨水。不過，三毛貓很快爬起來，發狂地怒吼：

「竈貓，你居然推我！」

這次事務長很快地就安撫三毛貓。

「不對喔，三毛君，這是你自己的錯喔！竈貓君只是好意站起來看看，可沒對你做啥喔！哎呀，這點小事情不要大呼小叫的。對了，那個盛頓堂的遷移申請辦得如何？我來看看。」事務長立刻轉移話題詢問公事。無奈的三毛貓只好開始工作，卻還是三不五時地抬眼瞪著竈貓。

如此艱辛的職場，真是難為竈貓了。

猫咪事務所
喵
伊森楊太郎
猫生懸命

竈貓何嘗不想成為一隻普通的貓，有多少個夜裡，牠試著到窗外睡覺，但半夜的寒氣讓牠一直打噴嚏難受極了，最後只好再躲回竈裡取暖。

竈貓的皮膚薄，所以不能抵擋寒意，那為什麼皮膚會如此薄呢？因為牠是夏天出生的貓。竈貓每次想到這，那雙圓圓的眼睛總是委屈地含著兩團淚，將一切歸咎於己，但也只能接受現實。

「更何況，事務長對我很親切，」竈貓心想：「朋友也都以我能在事務所上班為榮，所以不管多麼艱辛，我仍要努力堅持下去，絕不辭職。」竈貓邊流著淚，邊握緊雙拳，鼓勵自己。

然而，那樣的事務長也變得不再能倚靠了。

因為那隻貓只是看似聰明，其實是個蠢蛋。有次竈貓不小心染上風寒，胯下腫得像碗那樣，無法走路，迫不得已只能請假一天。就別提竈貓的痛苦掙扎了，牠一直哭，一直哭，一直哭。

望著倉庫小窗戶透入的昏黃光線，竈貓揉著眼睛哭了整整一天。

當竈貓傷心之際，事務所又是怎麼一回事呢？

「奇怪，竈貓今天怎麼還沒來上班，遲到了！」事務長在空檔時這麼問。

「喔，可能去海邊玩吧！」白貓說。

「才不是，是被邀請去參加宴會啦！」虎貓說。

「今天哪裡舉辦宴會？」事務長很驚訝地問。照理說，如果有貓的宴會，牠不可能不被受邀出席啊！

「聽說北方有學校開幕典禮！」

「這樣啊！」黑貓沉默不語，陷入思考中。

「為什麼？為什麼是竈貓去？」三毛貓忿忿不平地說。

「牠這陣子常被各方邀請參加宴會呢！到處說牠即將當上事務長，而那些不明就理，被蒙騙的傻瓜就極盡地阿諛討好牠。」

「真是如此？」黑貓難掩怒氣地咆哮。

「真的啦，不然您可以去查！」三毛貓嘟著嘴說。

「實在是不可饒恕，枉費我平日那麼關照愛護牠，既然如此，那我也自有打算。」

喧騰結束，事務所暫時安靜下來。

第二天。

竈貓的腳終於消腫了，一大早就開心地冒著強風到事務所上班。一進事務所，卻發現平日上班自己總會先摸摸的心愛資料簿不在自己桌上，而被分放到對面和隔壁同事的辦公桌上了。

「啊，昨天應該很忙碌吧！」竈貓心裡忐忑不安地自言自語。

喀噠，三毛貓開門進來了。

「早安。」竈貓起身打招呼，三毛貓不發一語就座到自己的位置，佯裝忙碌地翻閱自己的資料簿。喀噠，砰，虎貓進門了。

「早安。」竈貓起來打招呼，但虎貓連看都不看牠一眼。

「早啊！」三毛貓出聲。

「早啊，今天早上風很大。」虎貓說完也馬上翻起資料簿。

喀噠，砰，白貓進來。

「早安。」虎貓和三毛貓同時道早安。

「哎呀，你們早，外面風好大喔！」白貓也忙碌似地開始工作。竈貓灰心地起身，默默行禮，白貓也是佯裝不知，不予理會。

喀噠，砰。

「哇，外頭的風真強勁。」黑貓事務長來了。

「早安。」三隻貓迅速地起身行禮，竈貓則直愣愣站著低頭致意。

「彷彿是暴風來襲。」黑貓也不看竈貓一眼，就逕自辦公了。

「那麼，今天得持續針對昨天安莫尼亞茲庫兄弟的調查，給予回覆了。二號書記，安莫尼亞茲庫兄弟，是誰去過南極？」開始工作了。

竈貓卻只能靜靜低著頭。牠的原始資料簿已經不在桌上，就算想說些什麼話，也說不出口了。

「是帕柏拉斯。」虎貓回答。

「很好。詳細描述一下帕柏拉斯。」黑貓下令。

「啊啊，這是我負責的工作啊！我的簿子，我的簿子！」竈貓內心哭泣吶喊著。

「帕柏拉斯在南極探險之旅的回程時，死於雅樸島海，遺體海葬。」一號書記翻著竈貓的資料簿唸著。

看著這一切，竈貓感到悲傷無助，雙頰陣陣酸楚引來的耳鳴，牠唯有默默默地承受。

事務所裡漸漸忙得不可開交，每件公事也都順利進行。大家只是偶而瞄一眼竈貓，卻不發一語。

午休用餐時間，竈貓沒吃帶來的便當，而是把手放在膝蓋上低著頭。過了一點之後，竈貓開始啜泣，又哭又停約三個小時直到傍晚。即使如此，其他貓還是視若無睹的愉快工作。

那時，所裡的貓全然都沒注意到，事務長背後的窗戶外，出現了一顆金毛獅子的頭。

已經在外頭觀察一會的金毛獅子感到困惑，於是敲門衝進事務所。所裡的貓一看到獅子，瞬間驚惶失措地四處逃竄。

只有竈貓停止哭泣，馬上站了起來。

獅子扯開那宏亮又果決的嗓子說：

「你們到底在做什麼？那種歷史和地理根本沒必要存在，都不用做了，所有的工作到此為止。沒錯！聽好，我命令你們解散。」

就這樣，事務所廢除了。

獅子的想法，我贊同一半。

鱗雲
うろこ雲

天空飄浮著青白色的鱗雲，幽幽的七彩月暈在那之間若隱若現。

鎮上轉角處的宅院裡有棵高聳的梨樹，柔嫩的樹葉輕輕搖動著。

雲層間青光閃閃的東西，不知是何物。

今夜，真的不知為何，過了八點後，家家緊閉門戶，路上也無人走動。

一隻小狗沿著下城區圍起曬麥子的一列木樁，奔跑而來。

晦暗月光下，小狗的尾巴晃蕩晃蕩的。

夜裡的紅碎石，只是暗夜一地斑駁的陰影，櫻樹的枝梢，如同華麗的拼木般，枝影高高築向南方天際；我凝望那比煙霧還更孤寂氤氳的地平線，淚水不知不覺地流下。

小鎮在夜色中，靜謐得宛如服喪的龍宮城，又彷彿是東京王子那一區靜幽的夜。

一個小男孩突然在北海岸木材工廠並列的木板前遊蕩。

接著，鐵橋下一座座潔白微光的石砌橋墩，映入眼簾；而我的心卻不知不覺向著遠方，無限神往。

爪草的花已經綻放。是啊，爪草田野，滿地遍野的爪草花，如點上青白燈燭，絲縷輕煙伴著些許喜悅，吸收吐納月之光能。

小甲蟲朝我飛來，撞上我的額頭，搖晃欲墜之際，又不可思議地飛走了。

田野的對面站著一個矮小男子，一個銀矮人。立身側目望向這邊，齜牙咧嘴地笑著。那個銀矮人咧嘴地訕笑又哼歌：

「南蠻鐵的獨角仙，
月光也好，爪草青光也好，
都不入我眼。
我能飛翔汲取草香，
也會撞擊人類額頭。
雖會驚慌失措，

卻能不墜於地堅毅而起，
月光也好，爪草青光也好，
全不入我眼。
朝著未知的前方飛去。」

田野對面的銀矮人消失了，他斜眼看了這邊一眼，雙臂交叉，消失不見。

金合歡的樹梢上，掛著綿雲朵朵。

那幽微深邃的七彩月暈，還有小學窗戶透出的冷寂光線，白天因算術被罰站的孩子，心中小小的執念化為可愛的黑幽靈，盯著窗外一直看。

天空清朗，貴氣的月亮和紅火星不發出半點聲響地滑行在磨得發亮的銀河石板上。繞著旋轉。

追日逐影 06

宮澤賢治的恐怖怪談

作　　者　宮澤賢治
繪　　者　伊森．楊．太郎
譯　　者　洛薩
總 編 輯　林獻瑞
責任編輯　周佳薇
行銷企畫　林舜婷
校　　對　周季瑩
封面設計　高郁雯
內文排版　紫光書屋

出 版 者　好人出版／遠足文化事業股份有限公司
新北市新店區民權路 108 之 2 號 9 樓
電話 02-2218-1417　傳真 02-8667-1065
發　　行　遠足文化事業股份有限公司（讀書共和國出版集團）
新北市新店區民權路 108 之 2 號 9 樓
電話 02-2218-1417　傳真 02-8667-1065
電子信箱 service@bookrep.com.tw　網址 http://www.bookrep.com.tw
郵撥帳號 19504465 遠足文化事業股份有限公司
讀書共和國客服信箱：service@bookrep.com.tw
讀書共和國網路書店：www.bookrep.com.tw
團體訂購請洽業務部 (02) 2218-1417 分機 1124
法律顧問　華洋法律事務所　蘇文生律師
印　　製　宇禾文化事業有限公司　電話 0921112153

出版日期　2025 年 9 月 10 日
定　　價　480 元
I S B N　9786267591604
9786267591611（EPUB）
9786267591628（PDF）

國家圖書館出版品預行編目資料

宮澤賢治的恐怖怪談 / 宮澤賢治作 ; 洛薩譯 . -- 初版 . -- 新北市 : 遠足文化事業股份有限公司好人出版 : 遠足文化事業股份有限公司發行 , 2025.09
面 ;　公分 . --
ISBN 978-626-7591-60-4（平裝）

1.CST：民間故事　2.CST：鬼靈　3.CST：日本

539.531　114010748